DE L'ESPRIT

DE

LA LOI DES SUCCESSIONS

EN FRANCE

ET DE SON INFLUENCE SUR LA PROPRIÉTÉ,

MÉMOIRE

COURONNÉ LE 31 DÉCEMBRE 1849 PAR LA FACULTÉ DE DROIT DE POITIERS,

PAR M. A. CHAISEMARTIN

DOCTEUR EN DROIT, AVOCAT A LA COUR D'APPEL DE POITIERS.

> Mes petits enfants, aimez-vous les uns les autres.
> *Comment. de s. Jean, s. Jér.; Ép. aux Galates, v.*

> La grande propriété a perdu l'Italie et les provinces.
> PLINE, *Hist. nat.*, livre XVIII, c. 7.

POITIERS

CHEZ CH. PICHOT, LIBRAIRE

RUE SAINT-FRANÇOIS.

PARIS

CHEZ VIDECOQ, FILS AÎNÉ,

LIBRAIRE, PLACE DU PANTHÉON, 1.

1850

POITIERS. — IMPRIMERIE DE HENRI OUDIN.

DE L'ESPRIT

DE

LA LOI DES SUCCESSIONS

EN FRANCE

ET DE SON INFLUENCE SUR LA PROPRIÉTÉ.

POITIERS. — IMPRIMERIE DE HENRI OUDIN.

DE L'ESPRIT

DE

LA LOI DES SUCCESSIONS

EN FRANCE

ET DE SON INFLUENCE SUR LA PROPRIÉTÉ,

MÉMOIRE

COURONNÉ LE 31 DÉCEMBRE 1849 PAR LA FACULTÉ DE DROIT DE POITIERS,

PAR M. A. CHAISEMARTIN

DOCTEUR EN DROIT, AVOCAT A LA COUR D'APPEL DE POITIERS.

> Mes petits enfants, aimez-vous les uns les autres.
> *Comment. de* s. JEAN, s. JÉR.; *Ép. aux Galates*, v.
>
> La grande propriété a perdu l'Italie et les provinces.
> PLINE, *Hist. nat.*, livre XVIII, c. 7.

POITIERS

CHEZ CH. PICHOT, LIBRAIRE

RUE SAINT-FRANÇOIS.

PARIS

CHEZ VIDECOQ, FILS AINÉ,

LIBRAIRE, PLACE DU PANTHÉON, 1.

1850

A MADAME GOUBEAU,

MA TANTE ET MA BIENFAITRICE.

Le bienveillant rapport fait sur ce mémoire le 31 décembre 1849 dans la séance de rentrée de la Faculté de droit de Poitiers, encourage l'auteur à en hasarder la publication.

On trouvera nécessairement précipité et incomplet un travail de cette nature écrit dans un espace de temps limité et auquel a dû être conservé sa forme primitive. On verra aussi que l'auteur a puisé abondamment aux faits économiques recueillis par les maîtres de la science ; en effet, pour ce qui concerne les lois successorales, l'œuvre d'analyse se trouve depuis longtemps achevée ; mais il était peut-être bon de grouper ces matériaux dans une synthèse, de les résumer dans une formule.

Les lignes qui suivent présenteront quelquefois le mot, démocratie ; il ne faudrait nullement lui donner le sens que lui attribuent, de nos jours, quelques esprits avancés et turbulents. Malheureusement, nos secousses politiques ont détourné les locutions de leur signification naturelle. On ne devra pas oublier que le mémoire, aujourd'hui publié, parle le langage de l'Ecole. Le gouvernement des majorités, voilà ce que signifie réellement le mot démocratie et rien de plus ; il n'existe que cette expression pour désigner la chose, et M. Guizot lui-même, n'en a point trouvé d'autre à son service (1).

(1) *De la Démocratie en France*, 1849.

Sous le nom de patriciats, un travail ayant pour sujet les lois de successions, ne peut comprendre que les patriciats fonciers qui chez les différents peuples ont, à diverses époques, tenu héréditairement le pouvoir et se sont vus entraînés à créer ces institutions successorales, bonnes pour leur temps peut-être, mais incompatibles avec les tendances de notre siècle, ces institutions que M. de Barante, il y a vingt-cinq ans, blâmait avec tant d'énergie (2). Sans doute, il y a des améliorations à faire dans nos lois, mais au résumé, il n'existe évidemment plus chez nous d'aristocratie terrienne, tenant le sol en privilége. Les descendants de la vieille noblesse, la bourgeoisie chaque jour recrutée à nouveau, ne forment plus, par des mérites différents, qu'une aristocratie utile en tout lieu, à toute époque, l'aristocratie de la considération.

Essayons enfin de nous attacher davantage aux choses et de moins discuter sur les mots.

(1) *Des Communes et de l'Aristocratie.*

DE L'ESPRIT

DE

LA LOI DES SUCCESSIONS

EN FRANCE

ET DE SON INFLUENCE SUR LA PROPRIÉTÉ.

> Mes petits enfants, aimez-vous les uns les autres.
> *Comment. de* s. JEAN, s. JÉR. ; *Ép. aux Galates*, v.
>
> La grande propriété a perdu l'Italie et les provinces.
> PLINE, *Hist. nat.*, livre XVIII, c. 7.

CHAPITRE Iᵉʳ.

MÉTHODE A SUIVRE DANS L'ÉTUDE DES PROBLÈMES SOCIAUX.

De la bonté des lois dépend la félicité d'un peuple et sous ce rapport, les plus importantes sans contredit entre toutes sont les lois de successions. Or, depuis nos derniers orages politiques, au milieu du trouble des esprits, on n'a pas manqué d'attaquer les lois successorales du Code civil : il faudrait quintupler l'impôt, mettre l'État à la place de la dernière classe d'héritiers, rayer en partie le titre des testaments ; à écouter certains réformateurs, on bouleverserait, sur-le-champ, l'édifice de fond en comble ; d'autres trouvent l'état présent irréprochable et repoussent aveuglément toute amélioration.

Peut-être donc n'est-ce pas une joûte de pur agrément, une vaine passe d'armes, que la lutte pacifique à laquelle une Faculté de Droit nous convie. Par un temps où l'on révise avec une ardeur imprudente les conditions de la sociabilité, il est urgent que le pays qui prétend conserver l'initiative du progrès ne soit pas médiocre dans la connaissance des lois sociales. Seule, la science énergique de la vérité rend une nation grande et forte.

Mettez la main sur la terre : il semble qu'elle a tremblé sous quelque coup effroyable ! A l'œuvre ! Il y a devoir pour chacun de se mettre au travail. N'attendons pas que des tressaillements plus périlleux agitent une seconde fois le sol. Maintenant ou jamais, il faut que l'éducation, que les livres fassent chez nous des hommes intelligents, munis de la conscience du passé, ne voulant ni le calomnier ni le continuer dans ce qui jure avec nos mœurs ; des hommes doués du tact des choses possibles, ouvriers énergiques et sensés de la raison générale. Ces esprits ardents et fermes repousseront sagement les fictions inutiles, mais aussi laisseront de côté les théories dangereuses, mensongères, indécises ou puériles. Alors on ne verra plus la reine des nations, si énergique de nature, tomber néanmoins dans la langueur, perdre la foi à ses affections, à ses pensées et craindre à tout mouvement de se briser comme une coupe de cristal. Elle aura conscience de ses opinions ;

aussi la grandeur des conjonctures l'animera au lieu de la stupéfier.

Ah ! puisse l'heure de ce réveil venir bientôt ! — Vérité, soleil sans commencement ni fin, apparais sur la terre de notre patrie et dissipe les spectres ! Quand nos faibles efforts ne devraient que rappeler ton nom, sans avancer ton triomphe déjà assuré par des mains plus habiles, qu'importe ? Nous n'en travaillerons pas avec moins d'ardeur, ne fût-ce que pour saluer tes victoires immortelles, ne fût-ce que pour attester une fois de plus la solidarité du genre humain, son avenir, son habileté pour se perfectionner et grandir.

Au surplus, malgré le degré de perfection où sont arrivées les lois de successions en France, on serait trop sévère si l'on accusait de mauvaise foi tous ceux qui prétendent y restaurer ces bases de l'édifice social. L'âme humaine demande éternellement ; à peine a-t-elle obtenu l'objet de sa convoitise qu'elle demande encore. L'oracle de l'Académie la voit tournant sans cesse autour du réceptacle des idées éternelles et cherchant dans la profondeur du ciel les divines essences (1). Le plus profond des historiens constate le même fait à sa manière : « Pour les hommes, dit-il, l'inconnu est toujours un objet admirable » (2). Qu'on ne s'effraie pas de ce phénomène, il est une preuve de notre grandeur. Les animaux ne sont pas troublés par

(1) Platon, *Du beau.*

(2) « *Omne ignotum pro magnifico est.* » Tacite, *Vie d'Agricola*, § xxx.

cette espérance que manifeste l'âme de l'homme; ils atteignent sur-le-champ à leur suprême bonheur. Un peu de mil rassasie le passereau ; un peu de sang satisfait la panthère.

Les balances d'or qu'Homère donne au souverain arbitre des sphères , demeurent toujours égales ; depuis le ciel étoilé jusqu'au grain de sable sur nos plages , tout se maintient dans un constant équilibre ; seul, dans le monde entier, le cœur de l'homme n'a pas de contrepoids.

De plus, il est des degrés dans cette agitation des âmes humaines. Or , notre nation plus favorisée que les autres et par suite aussi plus fatiguée par ces glorieuses inquiétudes, notre nation naturellement curieuse, même dans la vérité ne trouve pas toujours le repos. Qu'un bruit vienne , une parole ; alors elle regarde, elle écoute , elle multiplie les questions et les disputes ; elle cherche à analyser d'une manière plus exacte les idées et les faits.

Cependant , quoique cette inquiétude soit un signe de noblesse et un heureux symptôme, il peut y avoir grave péril dans la méthode qu'on emploie pour les études qu'elle provoque. Certaines écoles philosophiques, cherchant tout critérium dans la conscience du *moi* , ont proclamé l'absolutisme du sens individuel. Outre qu'on pourrait contester le caractère de vérité absolue en toute matière que certaine école attribue à ce principe , il faut reconnaître que particulièrement il ne revêt point une forme inattaquable , si on veut l'appliquer à l'observation des lois sociales. Le philosophe appelé par l'éducation ou l'habitude à raisonner d'après lui-même, abstraction faite des hommes et des choses, abandonne bientôt le raisonnement d'induction, duquel la solitude intellectuelle l'empêche de comprendre la nécessité, tandis que, d'autre part, la rigueur des déductions mathématiques satisfait bien mieux son esprit. Bientôt un tel penseur ne connaît d'autres preuves que celles par A+B. C'est une vérité universellement reconnue que les esprits mathématiques sont souvent faux dans le train ordinaire de la vie; ils veulent trouver partout des vérités absolues, tandis qu'en morale et en politique il n'y a que des vérités relatives. Dans une philosophie mathématique, on ne doit regarder que les principes; en philosophie morale, que les conséquences; là, sont des vérités simples; ici, des vérités complexes. Quatre et quatre font huit; — Voilà une proposition rigoureusement vraie, identique, une, indépendante des temps et des lieux; mais il n'est pas de la même évidence que telle constitution, très logique en apparence, puisse facilement s'appliquer, ni même que toute bonne loi à Paris soit une bonne loi à Constantinople. La croyance exclusive au sens individuel, voilà cette fée méchante qui, de nos jours, fait aller tant de belles intelligences à la dérive; un mirage trompeur abuse leurs yeux, si bien qu'avec de la lucidité elles s'égarent, avec de la vigueur elles fléchissent et tournent la barre de leur embarcation vers des récifs inévitables.

Ainsi, on crée de beaux systèmes, tout d'une pièce,

médités loin de la sphère d'application , et qui règlent les volontés du cœur humain comme les mouvements d'une horloge. Tout s'y trouve organisé sur le modèle d'une caserne. Cela s'appelle Phalanstère, Icarie ou Cité du soleil. L'habit est magnifique, mais malheureusement trop étroit ; les bras d'un homme n'y entreront jamais.

A la vérité, lorsqu'ils ont construit un sorite mathématiquement irréprochable, qu'importent les impossibilités à ces esprits despotes et rêveurs ? A toute objection tirée de faits , que répondent-ils ? Rien. Ils se bornent à hausser les épaules et à dire comme Hythlodée : « Que n'avez-vous été en Utopie ! » (1).

La logique ! la logique ! s'écrient-t-ils ; et alors l'histoire, le témoignage verbal , le passé , le présent , tout disparaît. Si l'on ne savait à quel scepticisme aboutit cette méthode, on serait tenté de soupçonner chez nos extravagants raisonneurs des passions mauvaises. Ce ne serait pas la première fois qu'on aurait vu des ambitions détestables s'abriter sous de fastueux syllogismes. Dans la Divine Comédie , le diable dit à je ne sais quel évêque :

« Tu ne savais pas que moi aussi j'ai appris la logique ! » (2).

Réflexion amère, dont notre époque, à sa honte, prouve , hélas ! la profonde justesse.

Mais quel que soit le nombre de ceux qui cultivent sciemment l'erreur, beaucoup aussi se trompent, parce

(1) *Utopie de Thomas Morus* , trad. de Thouvenel , p. 115.
(2) « *Tu non sapevi ch'io cosi loico fossi !* » Dante , *Enfer.*

qu'ils emploient seulement un des deux moyens d'évoquer la vérité ; et si nous insistons sur ce point, c'est qu'avant de porter un jugement sur *nos lois successorales*, nous ne voulons pas admettre le sens individuel comme critérium unique. Il est temps, quand les utopistes cherchent à conquérir le terrain social, il est temps de fortifier la logique de l'esprit par celle des faits, de nous reposer un peu sur la sagesse du passé, sur cette sagesse vulgaire mère de la philosophie et trop souvent méconnue de sa fille. Des idées uniformes, nées sans réflexion dans des lieux inconnus les uns aux autres, et partagées par l'universalité ou la pluralité du genre humain, composent les livres de cette sagesse vulgaire, le sens commun, que la providence a donnés à l'humanité pour déterminer la certitude dans le droit naturel. Le sens commun ! voilà un des étendards qui doivent nous rallier. Bien inutilement on aurait détruit la servitude avilissante qui faisait reposer tout sur l'autorité, si maintenant on devait se soumettre à l'autocratie de l'individu. Sans doute la société en analyse se compose d'individus ; collectivement elle représente une masse ; il faut que sous ces deux formes, elle ait voix au conseil social.

La philosophie individuelle, considérant l'homme tel qu'il devrait être, semble utile tout au plus à quelques âmes exceptionnelles ; la philosophie du sens commun prend l'homme tel qu'il est, et veut tirer parti de ses vices même pour le bien de la société. Souvent jusqu'ici, on a vu les esprits spéculatifs rester à moitié chemin en négligeant de donner à leurs raisonnements une certitude tirée de l'autorité des faits; et les esprits pratiques sont parfois tombés dans la même faute en négligeant de procurer aux faits le caractère de vérité qu'ils auraient tiré de raisonnements philosophiques. Pourquoi cependant ne pas prendre un moyen terme et suivre le jugement individuel, mais avec les égards dus à l'autorité? Ne pourrait-on en même temps penser et voir, être philosophe et historien? Par la philosophie le droit contemple le vrai selon la raison; par l'histoire il contemple le réel. En tant qu'il puise à ces deux sources, on peut lui appliquer la définition antique si juste et si belle : « Science des choses divines et humaines ! »

Cette alliance fortunée de la réalité et de la raison a fait dans le vieux monde la supériorité des jurisconsultes romains, et celle de nos légistes dans le monde nouveau. Oui ! notre belle France y trouve la cause de ses plus glorieuses conquêtes et malgré de mauvais jours, nous en avons l'heureux espoir, elle ne faillira pas à son passé, car dans ce grand pays ont presque toujours régné ces génies protecteurs des hommes et ces souffles divins qui, selon Platon, décèlent les climats favorables aux nobles actions et aux saines idées.

CHAPITRE II.

NATURE DU DROIT DE SUCCESSION.

Nous trouvons quelquefois aujourd'hui assez de difficulté à reconnaître le fondement de nos droits. Une longue habitude nous porte à croire qu'ils sont constitués par les lois qui, de temps immémorial, les protègent. Or, souvent la loi établie ne repose point sur elle-même et a sa raison dans un principe supérieur. Il ne faut donc pas admettre si légèrement que des droits essentiels aient pour fondement une convention première, parce que l'exercice en est assujetti à des règlements, à des conditions. Non ! les associations qui maintenant s'appellent peuples, loin d'avoir jamais eu pour but d'anéantir nos droits naturels, ont toujours cherché à en assurer l'exercice, à en régler l'usage.

Le droit de succession, dans l'acception la plus large du mot, appartient par son origine à la loi naturelle ou philosophique.

Mais d'abord à quel signe reconnaître cette dernière catégorie de préceptes ?

Tout ce qui dérive de la nature de l'homme et de son état originaire indique certainement la volonté du Créateur relativement à chacun de nous pris individuellement et, par conséquent, nous enseigne une première partie de la loi naturelle. Une autre partie se découvre en étudiant non seulement les tendances de l'homme considéré isolément, mais encore toutes les relations qu'il soutient avec les êtres qui l'environnent et les différents états sous lesquels on peut l'envisager.

Il faut voir si, d'après ces prémisses, on reconnait dans le droit de SUCCESSION le caractère des droits dits naturels.

Ainsi, soit dit en passant, pour suivre la méthode indiquée plus haut, on tâchera ici de résoudre le problème d'abord sur les données de la raison, du sens individuel ; ensuite on en appellera aux faits, au sens commun.

L'HÉRÉDITÉ est un corollaire du droit de PROPRIÉTÉ.

Or, nous avons vu le droit de propriété lui-même devenir, à diverses époques, l'objet d'étranges commentaires ou de haineuses attaques.

Quelques-uns l'ont considéré comme le simple résultat d'une convention originaire. D'autres prenant acte de cette déclaration se sont mis à crier anathème à la propriété et lui ont fait guerre ouverte.

Bien entendu, ceux qui ne voient dans la propriété qu'un fait conventionnel, ou ceux qui l'attaquent de front, comprennent forcément l'hérédité dans leurs affirmations plus ou moins hostiles.

Cependant la raison fournit deux arguments bien simples pour établir que le droit de propriété prend naissance dans la loi philosophique.

Nous éprouvons tous le désir irrésistible de posséder pour nous seuls ; nous avons la conscience intime du droit d'appropriation personnelle, de conquête exclusive sur certains objets, dans des circonstances données. Ce sentiment profond et immuable, cette nécessité de notre être, voilà, n'en doutez pas, le plus irréfutable indice que la propriété a ses bases dans la nature même de l'homme et non dans des conventions sociales primitives. Voilà la preuve la plus énergique qu'en attaquant la propriété, on s'en prend à un des besoins indispensables de l'humanité.

Sans le stimulant de la propriété, l'homme ne travaillerait plus que juste ce qu'il lui faudrait pour subsister misérablement, et l'on verrait cesser tout effort qui ne tendrait pas à la stricte alimentation matérielle. Quoiqu'en aient dit les utopistes, on peut donner sa vie pour l'honneur, mais on ne donne pas pour l'honneur ses labeurs et ses veilles. — Ainsi, à part toute nécessité naturelle, saper la propriété, c'est vouloir proscrire la civilisation.

Mais sans affirmer, contrairement au résultat évident d'un examen logique, que la propriété fût affaire de convention, on a avoué que le droit de succession (ce mot toujours pris dans son sens général) devait la vie aux institutions civiles ; et comme malheureusement toute erreur est féconde, certains esprits emportés partant de cette donnée prétendue, tout en reconnaissant d'ailleurs la nécessité et le caractère philosophique du droit de propriété, ont nié la légitimité et l'opportunité de la transmission héréditaire

Il importe d'examiner la valeur de ces assertions, d'abord en nous en tenant, comme plus haut, pour la question de la propriété, aux simples résultats d'un raisonnement abstrait.

Tous ceux qui ne nient pas la nécessité de la propriété, tombent d'accord que chacun peut, entre-vifs et comme de la main à la main, transférer à autrui, ou absolument, ou sous certaines conditions, le droit de maître qu'il a sur ses biens. Quand surgit donc la controverse?— Lorsqu'il s'agit de dispositions faites au moment où le souffle de l'homme va s'éteindre; ce genre de disposition, selon certains esprits, ne prendrait son autorité que dans la loi civile, dans la convention.—Pourquoi? On nous dit : mais un homme pourra donc ordonner pour le temps où il n'existera plus ? — A cette objection, deux réponses.

D'abord en y regardant de près, il n'est pas démontré qu'en disposant par testament, un homme impose ses volontés au delà du sépulcre. La loi naturelle permet incontestablement de donner entre-vifs d'une manière révocable pour le temps où l'on n'existera plus ; ici on ne commande pas après la mort; elle ne fait que déterminer un terme. Or, il n'y a pas une différence bien nette entre cette espèce de testament et une donation.

Mais plutôt, qu'on rejette, si on le veut, cette première explication. Oui, vous avez raison ; par le testament un homme commande à travers les plis de son linceul. Vous aviez enfermé entre quatre planches cette créature humaine, vous l'aviez enfouie dans le sein de la terre et à votre idée peut-être, pour jamais ; cependant, voilà que soudain le défunt se lève dans son suaire et vient graver sur la pierre sépulcrale sa volonté comme une épitaphe ; le défunt parle et dit : JE VEUX !.... O vous que jadis il appelait ses parents, ses amis, refuserez-vous de l'entendre ? Condamnerez-vous au néant cette âme de laquelle est émanée une volonté, la dernière ? Cet homme exilé dans les régions du trépas frappe une fois encore à la porte de votre cité ; lui nierez-vous le droit de bourgeoisie ? Certainement, si l'homme meurt tout entier, sa voix expirante n'est plus qu'un son inutile ; il usurpe, en réglant par anticipation l'avenir ; notre respect pour le trépas devient une supertitieuse faiblesse, et il ne faut voir dans le testament qu'une création de la loi civile qui peut l'anéantir. — Mais il n'en est pas ainsi ; les lois civiles n'ont point établi le droit naturel de tester ; elles en protégent seulement l'exercice. L'homme ne passe pas tout entier. Réformateurs, y avez-vous bien songé ! Non sans doute. En tout cas, je vous plains si vous refusez d'écouter les voix d'outre-tombe, si vous ne sentez pas dans votre âme son immortalité. L'immortalité de l'âme, nous le proclamons, voilà le fondement philosophique du respect qu'on doit aux dernières volontés d'un homme. Par le testament, la pensée, la partie immortelle de nous-même, prend possession de ce temps où l'âme seule aura survécu. L'immortalité de l'âme et le sentiment profond de la liberté individuelle expliquent ce besoin impérissable éprouvé par chacun, de gouverner ses biens, même après qu'un inévitable accident l'aura couché dans le tombeau.

Et j'ajoute que cette volonté de régir encore sa propriété après qu'on ne sera plus se rattache à la vertu, au beau moral dont la notion existe dans le cœur humain. Le testament est une sentence de celui qui s'éteint entre ceux qui lui survivent ; le testament se relie aux affections d'ici-bas. Il n'a jamais aimé personne celui qui profère ces mots : après moi, qu'importe ! (1).

Bien entendu, celui qui possède un patrimoine seulement en société avec d'autres ne pourra disposer que de sa part, par la voie du don entre-vifs ou après décès. Là se trouve le fondement philosophique des légitimes ou réserves dont on s'occupe dans les sucessions dites *ab intestat*.

Si un défunt n'a pas, par testament, disposé de son patrimoine ou de la part qui lui en revient, il n'y a cependant pas lieu de supposer qu'il ait voulu laisser ses biens au premier occupant, mais bien plutôt à ceux qu'il affectionnait davantage ; et dans le doute, il sera censé avoir porté ses affections là où on les place en général. On trouve ici à envisager sous un autre point. de vue les successions *ab intestat*.

---

(1) *Après moi, que tout périsse !* — C'était un proverbe d'origine grecque que Caligula et Néron se plaisaient à prononcer. (Suetone, 19, Ner., ch. 38.)

La succession du père aux enfants et réciproquement, est une idée non conventionnelle, mais primordiale et présentant le caractère d'une stricte justice. Faut-il voir le motif de cette décision en ce que, dans l'origine, la propriété appartenant au premier occupant, s'il avait une femme ou des enfants ou des compagnons pour posséder avec lui, ceux-ci, lorsqu'il mourait, continuaient son occupation comme plus proches de la terre?

Non, sans doute; car alors, pourquoi déférer les biens de l'aïeul à ce petit-fils qui n'en a jamais été connu, qui, né peut-être à dix-huit cents lieues de la contrée où naquit son père, n'a jamais vu le champ de ses aïeux? La loi naturelle de succession entre le père et les enfants ne dérive pas du fait d'occupation commune, mais du fait de paternité. Le père et les enfants sont COPROPRIÉTAIRES du patrimoine, parce qu'ils sont la même chair, le même sang, la même personne; ils soutiennent entre eux des rapports perpétuels et sacrés et, on peut le dire, le plus riche apanage du genre humain est cette solidarité d'un caractère ineffaçable. Cette communauté admirable qui tient autant du corps que de l'esprit, voilà un fait qu'on n'aurait jamais dû oublier, un fait naturel, antérieur à toutes les constitutions, indestructible; réformateurs, vous perdez votre temps et vos déclamations; cette communauté ne se laissera jamais envahir.

Mais si le droit de COPROPRIÉTÉ des enfants restreint la liberté du père quant à leurs parts, il peut évidemment librement disposer de la sienne , en supposant un partage égal opéré ; il faudra un partage égal puisque la nature n'indique en rien d'autre base d'appréciation. La part du père ainsi déterminée est ce que les lois civiles ont appelé quotité disponible.

Pour cette quotité et pour tout le patrimoine du défunt , s'il n'a pas d'enfants , les lois civiles , on l'a vu, règlent la succession d'après les affections présumées de celui dont les biens sont vacants. Plusieurs ont voulu voir en ceci , mais surtout dans la succession collatérale, une institution arbitraire des lois positives ; bien à tort, cependant , car si les droits de posséder et de tester sont quelque chose , quoiqu'un homme en mourant n'ait rien décidé sur son patrimoine , la loi ne peut vouloir qu'exécuter ses désirs non exprimés ; elle manquerait à la justice en donnant aux biens une destination qui , selon les présomptions tirées de la nature humaine , aurait répugné au défunt.

. En suivant ces principes, les législations doivent faire passer le patrimoine aux plus proches parents. Sans doute, il arrive quelquefois qu'on préfère à des parents un ami à qui nous rattachent des bienfaits ou une inclination particulière ; mais quand il est question d'établir une règle générale , il faut considérer ce qui arrive le plus communément ; ainsi on évite les discussions et les procès. En effet , dans le cas qui nous occupe , rien n'est plus facile que de juger les degrés de parenté, mais on ne pourrait marquer aussi nettement les degrés d'amitié. Joint que si l'intention du défunt est de faire passer ses biens en tout ou en partie à quelqu'ami, rien ne l'empêche de s'expliquer à cet effet. La loi civile a fait son testament pour l'hypothèse la plus généralement réalisée.

D'autre part, peut-on admettre qu'un droit de copropriété milite en faveur des enfants relativement à la transmission héréditaire de la disponible, et en faveur des collatéraux, relativement à l'héritage d'un homme décédé sans postérité? Ce principe engendrerait une conséquence grave, car il impliquerait la prohibition morale de disposer de la moindre partie de sa fortune, par cela seulement qu'on aurait quelques liens de famille. Comment les professeurs ou les publicistes qui ont avancé cette proposition, n'en ont-ils pas vu la suite nécessaire? Le père a la propriété exclusive de SA PART de patrimoine, l'homme sans enfants la propriété exclusive de ses biens, et voilà l'unique motif qui permet à l'un et à l'autre des dispositions gratuites. Ajoutez, quant à la ligne collatérale, qu'il n'existe aucune cause essentielle de copropriété et que les collatéraux, les frères même, n'ont pas entre eux cette relation qui fait que le père et l'enfant ne forment qu'une seule individualité.

Ne fût-il pas un corollaire irrécusable de la propriété, LE DROIT DE SUCCESSION devrait encore être proclamé comme une des nécessités de l'état social. Par la propriété, le fond de production suffit à alimenter la génération actuelle; par l'hérédité, ce fonds passe riche et fécond à la génération suivante; cet admirable phéno-

2

mène se produit par un ordre fixe qui, sans trouble, met chacun à sa place.

L'homme ne travaille pas pour lui seul, mais aussi pour les êtres dont l'existence se lie à la sienne et même, n'eut-il pas d'enfant, le droit d'augmenter après lui le bien-être de personnes chéries, constitue le principal mobile de ses efforts et le détermine aux sacrifices que nécessite la formation de la propriété. L'amour du genre humain ne fait guère dépenser ce que l'on possède, ni prendre de la peine pour ce qu'on ne doit pas recueillir. La production se réduirait au minimum si les hommes n'avaient à songer qu'au présent. Ainsi, déjà le possesseur d'une fortune mobilière, moins attaché au sol du pays, moins habitué à sacrifier un peu le présent au futur, ne se trouve pas autant aiguillonné et se rend moins utile à la chose publique que le propriétaire foncier. Que verrait-on si toute propriété devait disparaître avec nous! Abolissez l'hérédité! vous aurez fait quelque chose d'habile! Oui, abolissez l'hérédité, si toutefois il vous paraît bon de remettre la fortune publique aux mains d'usufruitiers, dont le gaspillage ne se trouvera arrêté par aucun mobile; si, dans l'intérêt de la richesse commune, il est sage de mettre la bienfaisance hors la loi, d'abaisser, de désenchanter, d'arrêter le travail!

Notez un autre effet aussi heureux de l'hérédité dans l'association humaine. Chez celui qui peut laisser un coin de terre à ses enfants, on trouve quelque modération et une certaine prévoyance. Au contraire, l'homme qui ne voit pas autour de lui se former un héritage, connaît peu la réserve. Les enfants ne devant jamais être ni plus ni moins riches, leur nombre n'inquiète pas. Malheur au pays dont les habitants n'auraient aucun motif de retenue.

Avec l'hérédité la production s'accroît sans limites ; la population n'augmente pas outre mesure. Vienne à être abolie l'hérédité, la production ne serait plus possible qu'avec le pire des modes d'exploitation, c'est-à-dire le travail d'esclaves. D'autre part, bientôt l'imprévoyance surchargerait d'habitants des terres soudain devenues improductives ; la misère, les maladies feraient largement justice du trop plein et les populations toujours décroissantes seraient toujours trop lourdes pour le sol appauvri.

La loi qui rejetterait le droit de succession enlèverait à la propriété sa moralité et cette idée d'avenir, source des sentiments les plus élevés, des plus nobles sacrifices ; en revanche, elle lui laisserait l'égoïsme, les petites idées, l'appétit des jouissances du corps, les stériles actions. Bientôt disparaîtraient les affections si salutaires de la famille ; l'enfant quitterait dès ses plus jeunes ans ce champ paternel qui jamais ne devrait l'appeler à lui ; en perdant la maison qui l'a vu naître, il oublierait aussi l'heureux héritage des sentiments, des pensées de son père ; et pourtant, cette succession à la fois de souvenirs et de richesses, de traditions conservatrices et de prévisions lointaines, voilà ce qui soutient l'homme dans les périlleux sentiers de l'existence, ce qui ennoblit son âme, élève son cœur, moralise sa conduite ; la terre de ses aïeux lui rappelle à tout moment leurs nobles vertus. De génération en génération la famille conserve l'honneur avec son patrimoine. Ainsi, chez les rois antiques, se transmettaient, de l'aïeul au petit-fils, ces sceptres sur lesquels les Evandre et les Nestor, chéris des Dieux, s'appuyaient en rendant au milieu des nations leurs sentences vénérées.

Mais l'hérédité, dit-on, engendre une inégalité choquante ; quelques-uns jouissent, consomment sans avoir rien produit.

D'abord, en considérant l'objection au point de vue du droit, il faut dire, on l'a vu, que cette inégalité est une stricte justice ; la richesse des enfants constitue la récompense due aux labeurs du père ; déjà avant son décès, elle formait leur propriété.

Néanmoins, montrons-nous faciles sur l'argument tiré du droit. Les observations antérieurement présentées, ne prouvent-elles pas combien sont indispensables pour le bien général ces inégalités résultant du droit de succession ?

Ah ! on a trop abusé de ce mot, égalité. Autant que possible diminuons les distinctions, abrégeons les distances ; bien ! mais n'espérons pas entre les hommes une égalité absolue de fortune et de jouissance. Comme il n'y a pas au monde deux feuilles qui soient les mêmes, on ne trouverait point deux hommes absolument semblables par le corps, par l'intelligence, par le cœur, par la volonté. Certes, il reste d'immenses amé-

liorations à faire; il s'en faut singulièrement que la
plus grande masse possible de bien-être soit réalisée
dans le monde; nous voulons le progrès et, pour dire
toute notre pensée, les gouvernements de la France
n'ont pas marché assez résolument ni assez franchement
dans la voie qui y conduit. Mais nous prenons les
hommes comme ils se trouvent, avec leurs passions, et
nous ne saurions nous résoudre à tenter l'impossible.
O vous, qui faites si souvent à la multitude l'énuméra-
tion des choses qu'elle ne possède point, apprenez-lui
donc à les acquérir par le travail, plutôt que de les
regarder avec une misérable convoitise. Prêchez l'égalité devant la loi, précepte non entièrement réalisé
encore, qui permettra à chacun de prendre place selon
sa valeur, et non cette égalité jalouse qui veut enchaîner
toutes les natures supérieures sur le lit de Procuste.
L'envie n'est pas ce qui importe; ce qui importe, c'est
l'effort, voilà ce qui élève l'homme et lui procure ici-
bas quelques joies, quelqu'honneur.

Tout ce qui précède représente un raisonnement dont
on pourrait trouver la base un peu abstraite; mais
vous plaît-il qu'au sujet de cette brûlante question
de la propriété héréditaire nous nous adressions au
sens commun? Voulez-vous en croire le témoignage des
faits?

Hé bien! consultez l'histoire de tous les peuples.
Commencez aux cailloux de Deucalion, aux pierres
d'Amphion, au déluge de Noé, aux hommes nés des
sillons de Cadmus ou des chênes dont parle Virgile:

partout vous voyez l'idée de propriété héréditaire se re-
produire d'une manière invariable.

Les défenseurs de la propriété héréditaire (1) n'ont
pas toujours mis assez en relief l'argument invincible
que leur fournissaient les annales du monde.

Toutes les nations de l'univers ont été d'accord sur
quatre points fondamentaux : Existence d'une Providence divine, nécessité de modérer les désirs des sexes
et d'en faire des vertus humaines, droit de propriété
héréditaire, immortalité de l'âme. Ces quatre vérités
philosophiques répondent à quatre faits historiques :
institution universelle des religions, des mariages,
des successions proprement dites et des testaments
dont l'idée entraîne celle des sépultures (2). Toutes les
nations ont attribué un caractère de sainteté à ces quatre
choses qu'elles ont appelées *fœdera generis humani*.

A diverses époques ceux qui gouvernaient les peuples ont pu, aveuglés par leur intérêt personnel,
déclarer les droits de propriété et de succession chose
purement conventionnelle ; mais il est essentiel de
remarquer que ces droits, en eux-mêmes, ont toujours
été sanctionnés par les mêmes pouvoirs qui en contes-
taient l'origine.

La nécessité immuable dominait, malgré leurs efforts,
ces puissances usurpatrices. *Fatum* ! Ἀνάγκη !

En Orient, malgré la théorie despotique que les

(1) M. Thiers, entre autres.
(2) Voir Vico, *Science nouvelle*.

souverains ont perpétuellement professée, malgré leur prétention de posséder le *domaine éminent* de la terre (1), ils n'ont jamais cherché à s'approprier le *domaine utile*, lequel, de plus, a toujours été transmissible par voie successorale (2). Chez les Indiens, les lois de Manou tracent dans le titre IX l'ordre des successions (3). Les Hébreux si désireux de perpétuer leur race, si profondément imbus du principe de la famille, eurent de tout temps le fanatisme, si l'on peut parler ainsi, de la propriété héréditaire (4). Les anciens Grecs n'agirent pas autrement ; ils ne faisaient même, sous le rapport des successions, aucune différence entre les enfants légitimes et les enfants naturels (5). Que dire de Rome, la terre classique de la propriété et des institutions successorales ? Tout cela pour les Romains dérivait du droit naturel. La succession *ab intestat* était une conséquence obligée de l'état de société et de famille (6) ; quant au testament de l'homme, selon les Romains, il se rattachait à son âme, à sa vie immatérielle, à son besoin de la vertu et des choses futures ; ils couvraient du même respect le testament et la religion du tombeau (7). Les

(1) Niebuhr, *Hist. rom.*, t. III, p. 181. — Hegel, § 355.

(2) Schlosser, *Hist. univ. de l'antiq.*, t. 1er, p. 165 à 170.

(3) Heeren, *Politique et commerce des anciens*, t. VI, p. 133-376.

(4) Genès., 15, 4. — Tacit., *Historiarum*, lib. V, § 5.

(5) Sophocles, *In alendis, apud Stob. serm.* 71.

(6) Paul, D. XLVIII, 20. 7. — Papinien, *ibid*, V, 2. 15. — Denys d'Halicarnasse, *Antiq. Rom.* IV, 1.

(7) Paul, D. XXIX, 3. 5. — Papinien, *ibid*, 6. 43. — *Cod. Théod.* XVI, 2. 4. — Cicéron, *De finibus*, III, 19. 20. *Tuscul.* 1, 14. *In Verr.*, 1, 44.

peuples de la Germanie, quoique peu attachés au sol , vivaient sous l'empire de ces principes sacrés dont, seulement, ils réglementaient l'application d'une manière différente (1).

La philologie nous fournit des expressions frappantes qui indiquent le caractère revêtu par l'hérédité aux yeux des anciens. Les enfants des fondateurs des sociétés humaines se disaient, par métaphore, nés de la terre, aborigènes, αὐτόχθονες. Les Romains pour rendre le rapport de succession qui unit le fils au père , appelaient le fils *hœredem suum*, c'est-à-dire, le sang de l'auteur et sa propre personnification (2). *Hœres* vient de *hœrus* qui, chez les vieux Romains, signifiait maître; d'ailleurs , ces deux mots ont la même origine et doivent dériver de ῞Hρα Junon, peut-être de ῎Eρως amour (3); l'une et l'autre divinité président à l'union des sexes et donnent leur nom à la communauté de personnes que fait naître ce rapprochement : *hœrus hœres*, pour ainsi dire une seule individualité, un seul propriétaire du toit commun.

Passerons-nous aux temps modernes? Partout la propriété héréditaire est la base de la constitution civile (4),

---

— Sénèque, *De beneficiis*, lib. iv , 10-23, passim. — Quintilien, *Declam*. 308.

(1) Tacit., *Germ*.

(2) Paul, *Ad Sab*. p. xxviii. 2.

(3) Voir, en ce sens, Vico, *Science nouvelle*. — Niebuhr, *Hist. rom.*, t. iii , *passim*.

(4) Domat, *Préf. sur les Succ.*

et les tribus du nouveau monde elles-mèmes n'ont jamais fait exception à cette loi générale de l'humanité (1).

C'est une étrange erreur de prétendre que l'histoire fournit des exemples contraires. On parle de l'Egypte , de la Crète et de Sparte ?

Mais d'abord, l'Egypte ancienne a reconnu de tout temps la propriété individuelle et héréditaire : ce qui a causé la confusion, c'est que la terre , partage exclusif de certains privilégiés, était divisée entre les prêtres , les guerriers et les rois, tandis que les classes infé- rieures ne pouvaient arriver qu'à la propriété mo- bilière (2).

En Crète et à Sparte, il a régné une sorte de com- munauté. Mais il faut se rappeler que ces fameuses lois de Minos et de Lycurgue si vantées n'avaient pu abolir en partie la propriété individuelle et la transmission des héritages, qu'en établissant, au profit des citoyens, *l'exploitation* d'hommes reconnue la plus odieuse dans les annales du monde. D'après ces deux constitutions que notre éducation classique nous a appris à traiter d'admirables , le bonheur de la société civile reposait sur l'existence d'une classe agricole vouée à la plus dure servitude. Ces infortunés esclaves s'appelaient Périœces dans l'île de Crète, Ilotes à Lacédémone, et c'était l'unique différence entre leur situation misérable. Ce- pendant, malgré toutes ces belles précautions, on vit

---

(1) Ch. Comte, *Traité de législ.* t. ii , iii et iv , *passim*.
(2) Heeren , *Loc. cit.*

s'établir l'inégalité dans les deux Républiques (1).

On a voulu trouver dans l'organisation des castes et dans le régime des dotations sacerdotales ou militaires une négation de la propriété individuelle et héréditaire. Il faut, pour parler juste, renverser la proposition. La négation de la propriété héréditaire détruit le principe de famille ; les castes en exagèrent les conséquences. Lycurgue, Minos, Phaléas de Chalcédoine, Protagoras, Philolaüs de Thèbes, Platon déclaraient vouloir atteindre l'égalité ; ils ne fondaient jamais qu'un odieux abus de l'homme par son semblable, en faisant reposer leurs magnifiques créations sur l'esclavage.

Aussi les trop ardents réformateurs ne s'en tiennent pas à ces exemples en effet mal choisis. C'est surtout dans des aggrégations d'hommes toutes volontaires et spéciales qu'ils prétendent trouver l'absence heureuse du domaine individuel et de l'hérédité. Mais encore ici leur argumentation reste sans valeur, car tous les exemples par eux cités et qu'on pourrait, dans la forme, reconnaître pour vrais, au fond se rapportent à des associations établies complétement en dehors des lois incontestées et immuables de l'humanité. Ces associations, en effet, ou bien repoussent la réunion des sexes, ou bien en proclament la honteuse promiscuité. Examinons :

Est-il vrai que les premières associations entre les compagnons des apôtres de J.-C. aient eu pour base la néga-

(1) Aristote, *Politique*, t. i, p. 165, trad. de M. Barthélemy Saint-Hilaire.

tion du droit de propriété et de succession, droit consacré d'ailleurs par l'Évangile (1) ? Non ; il y aurait
lourde erreur à le croire. Parmi les premiers chrétiens
persécutés, entraînés par l'ardeur du prosélytisme, ces
associations n'étaient que des institutions de charité
mutuelle ; chacun apportait ce qu'il possédait, mais
l'apportait sans contrainte (2). Encore ce régime fut-il
tout transitoire et les apôtres ne l'établirent dans aucune des églises ultérieurement fondées par eux (3).

Les novateurs ne sont pas plus heureux en évoquant
les diverses hérésies qui ont mêlé quelques idées politiques et sociales à des dogmes purement théologiques.
La question capitale du Pélagianisme au V⁰ siècle,
était le libre arbitre et la nécessité de la grâce (4). La que-
relle sociale ne paraît avoir été soulevée par lui que
dans un livre intitulé *Des richesses* et lequel, d'ailleurs,
n'est qu'une exhortation déclamatoire au mépris de la
fortune et à la charité, une thèse violente sur l'incompatibilité des richesses avec une vie chrétienne (5). Mais
au surplus quelle que soit la portée de ce livre, on ne voit
pas que, dans leur courte existence, les Pélagiens en
aient pratiqué les doctrines à la lettre (6).

(1) S. Matthieu, ch. v, ℣. 17 ; ch. vii, ℣. 20, 21 et 22 ; ch. xix, ℣. 17,
18 et 19.

(2) Actes des Apôtres, ch. iv, ℣. 32 à 35.

(3) S. Paul aux Romains, ch. v, ℣. 4 ; 2⁰ aux Corinthiens, ch. viii,
℣. 3. — M. Salvador, *Jésus-Christ et sa doctrine*, t. ii, p. 221.

(4) Alfred Sudre, *Hist. du Communisme*, p. 73.

(5) S. Aug. *Epist. ad Hilarium*, 156, 157.

(6) Patouillet, *Hist. du Pélagianisme*, t. i, p. 9 à 116.

Après les Pélagiens, les Vaudois et les Albigeois sont
les plus anciennes sectes dans lesquelles nos écoles avan-
cées voudraient trouver des précédents pour leurs théories. Mais ces sectes qui, il est vrai, traduisirent leurs
affirmations en institutions sociales, n'ont jamais atta-
qué la propriété ni l'hérédité individuelles. Leurs adver-
saires même ne les en accusent pas (1). Loin de là, dans
leur corps de doctrine comme dans leurs mœurs sociales,
ils sanctionnèrent formellement le double principe d'hérédité et de succession (2). On peut en dire autant des
Lollards et des Hussites qui s'insurgèrent bien contre
l'autorité de l'église, mais ne pratiquèrent jamais la communauté (3).

Les frères Moraves, ces successeurs des Hussites, n'ont
point aboli chez eux la propriété individuelle et héréditaire. Seulement, chaque membre verse à la caisse commune une partie de son revenu et il est défendu d'aliéner
sans autorisation. Encore faut-il ajouter que ces quelques entraves apportées à l'exercice du droit de posséder
et de transmettre ont rendu, dans l'association, le sentiment de famille très faible et les intelligences médiocres.
Depuis longtemps, sans l'exaltation religieuse, les
frères Moraves n'existeraient plus (4). Des observations

(1) S. Bernard, *Serm.* 45 *sur les cantiques.*—Pierre de Vaulx-Cernay,
Hist. de la guerre des Albigeois. — D. Vaissette, *Hist. du Langue-
doc*, t. III.

(2) Raynouard, *Recueil des poésies originales des troubadours*,
t. III, p. 73.

(3) Lenfant, *Concile de Constance*, t. I, p. 413 et suiv.

(4) Grégoire, *Hist. des sectes relig.*, t. V.

semblables s'appliqueraient parfaitement aux réductions du Paraguay (1), si ce n'est que les Espagnols ne leur ont pas laissé le temps de tomber d'elles-mêmes.

Si l'on a vu quelques aggrégations d'individus subsister en repoussant le principe de propriété individuelle et héréditaire, c'est parce que ces associations se trouvaient instituées, avons-nous déjà dit, complétement en dehors des lois nécessaires de l'humanité.

On ne peut, en effet, tirer aucune induction des communautés ascétiques anciennes ou modernes qui toutes, entre autres anomalies, ont repoussé l'union des sexes. Les établissements jadis fondés en Italie par les Pythagoriciens, sur la mer Morte par les Esséniens, en Egypte par les Thérapeutes, dans l'Inde par les brahmes et plus tard en tous les lieux par les moines chrétiens, ces établissements avaient pour principe le renoncement aux jouissances du corps et ne poursuivaient que la perfection morale; ils ne subsistaient que par la destruction de la liberté et de la famille. Tout cela frappa vivement Pline le naturaliste lorsqu'il visitait les établissements des Esséniens; on lit chez lui à ce sujet : « Cette peuplade solitaire et la plus singulière qui soit sous les cieux, se perpétue sans femmes, vit sans argent, compagne des palmiers. Ainsi, chose incroyable, depuis plusieurs siècles elle se renouvelle sans qu'il y naisse personne. Le repentir et le dégoût du monde sont la source féconde qui l'alimente (2). » Ajoutons que les

---

(1) Voir, entre autres, Bougainville, *Voy. autour du monde*, ch. vii.
(2) Pline, *Hist. nat.*, liv. v, ch. 15. — Alfred Sudre, *Hist. du Comm.*

sociétés ascétiques ne résolurent point le problème de
l'abolition absolue de la propriété héréditaire et de la
production, en commun, des choses indispensables ; en
effet, elles vécurent toujours au sein des institutions de
domaine individuel et d'hérédité , et c'est de là que sous
la forme d'aumônes, de dotations , de legs, elles tiraient
la subsistance.

Les associations qui tout en proscrivant les droits de
propriété et de succession , voulurent maintenir l'union
des sexes , arrivèrent immédiatement et fatalement à en
décréter la promiscuité. Vers le commencement du
IIe siècle de notre ère , il en arriva ainsi de la secte hé-
résiarque des Carpocratiens (1) qui , après une courte
existence en Egypte et à Samos , s'éteignit sous une in-
famante réprobation. Entre le XIIe et le XIVe siècle, les
Frérots , les Beggards , les Adamites, etc., soumis aux
mêmes principes , livrés aux mêmes excès , ne furent
pas plus heureux (2). Enfin dans toute l'histoire du
monde , une seule secte a paru vouloir réaliser avec per-
sistance l'abolition de la propriété individuelle et héréditaire ; elle a pu , employant le fer et le feu , appliquer son
principe à Mulhausen , en Moravie , à Munster , et partout ses tentatives ont abouti à la destruction de la famille , à des abominations sans exemples , à un mons-
trueux despotisme , en définitive à d'inévitables avorte-
ments (3).

(1) Fleury , *Hist. de l'Eglise* , t. i , p. 378.
(2) Lenfant , *Hist. du concile de Bâle ;* à la fin , Dissert. de Beausobre.
(3) Érasme , *De amabili concordia ecclesiæ.*

Voilà comment les faits, le sens commun des nations ont prononcé sur la question qui nous occupe. Si le droit de propriété, si le droit de succession n'avaient pas leur raison dans la nature, d'où viendrait leur ubiquité dans les institutions sociales de tous les peuples historiques. Cet accord unanime serait plus qu'étonnant s'il portait sur une disposition purement arbitraire. N'objectez pas qu'on peut trouver la raison de ce fait général dans des plans d'intérêt politique : le monde n'a point vécu pendant six mille ans sur un mensonge.

Quelques licences que puissent prendre les poëtes, ceux de l'antiquité nous semblent avoir bien mieux compris le cœur de l'homme que certains réformateurs contemporains (1). Eux aussi dépeignaient un état social pur de toute loi de propriété ou d'héritage; ils appelaient cela l'âge d'or. Mais en supprimant dans leurs fictions la propriété individuelle et héréditaire, ils avaient le soin de la rendre inutile. Selon eux, la terre dans cette période de bonheur fournissait sans travail ses fruits, ses fleurs et ses richesses. Virgile s'écrie (2) :

« Avant l'âge de fer, la terre était le commun héri-
» tage de tous ; on ne connaissait ni bornes, ni enclos,
» ni partage. Non encore déchiré par le tranchant de la
» charrue, le sol se couvrait spontanément de riches
» épis ! »

Cette période reléguée, d'ailleurs dans un passé incertain, cette période se comprend. Rien qui n'y respire

(1) Alfred Sudre, *Loc. cit.*; p. 475.
(2) Géorgiques, liv. I.

le repos, la paix et la félicité. Toutes choses naissent d'elles-mêmes sous les pas de l'homme. « Un printemps » éternel entretient le calme des airs ; les zéphirs cares- » sent les fleurs venues sans culture. Des fleuves de » lait, de vin et de nectar, circulent dans les plaines, et » les feuilles de l'yeuse distillent le miel odorant » (1). Dans ces lieux fortunés on ne connaît point les labeurs ; par conséquent, nul besoin d'émulation, nul besoin de graver sur l'airain des lois contre la paresse. Oh ! certes, l'âge d'or est bien plus admirable que les Iles flottantes ou le pays d'Utopie.

Le rêve n'en paraît pas plus difficile à réaliser.

Redisons-le encore une fois pour être bien compris. Sans doute les garanties de conservation ne suffisent pas aux peuples ; ils veulent aussi des garanties de progrès ; il faut, au milieu de doctrines insensées, savoir distin- guer le but des aspirations légitimes de la démocratie. Ce but vers lequel marche aujourd'hui la société hale- tante, la terre promise de ses rêves, nous semble mani- feste ; obéissant, il faut bien le dire, à un sentiment généreux et grandiose, elle veut de plus en plus affran- chir l'homme de l'esclavage de la misère et de l'igno- rance qui perpétue toutes les servitudes. Cette tendance est légitime, elle est sainte, elle est chrétienne ; la mo- rale l'avoue avec orgueil, et la science économique la confirme avec autorité. Malheureusement, comme l'en- treprise a été follement conduite, les illusions non

(1) Ovide, *Métamorph.*, liv. i, ch. viii.

satisfaites ont, pour un instant, jeté dans la nation la lassitude et la crainte ; il faut bien se garder , en cherchant la destruction successive de toutes les souffrances, de rejeter à la légère , les bases indispensables de l'association humaine. Médée la magicienne, voulant rendre à Æson sa jeunesse , le coupa en morceaux et le fit bouillir dans une chaudière enchantée; mais elle n'en retira que des ossements.

CHAPITRE III.

Aux yeux de la généralité des hommes les lois présentent deux points d'observation distincts : leur moralité et notre intérêt matériel ; nous n'avons encore pu parvenir à reconnaître le juste comme défenseur et gardien de nos richesses. Après s'être demandé si nos lois successorales paraissent équitables, on cherche si, avec ce caractère de moralité, elles sont très opportunes sous le rapport économique. Soit ! nous admettons pour le moment la distinction ; nous examinerons nos lois successorales sous le double point de vue en question, sauf à essayer de prouver une fois de plus cette vérité en voie de se vulgariser heureusement, à savoir que l'utilité même matérielle est la compagne indispensable de la justice.

Il faut d'abord noter que le Code civil, abandonnant les fictions où se sont à diverses reprises et dans des vues étroites jetés certains gouvernements, non seulement sanctionne le droit nécessaire de propriété, mais en proclame de plus l'origine philosophique, déclarant qu'il ne dérive point d'une convention humaine. Ce fut dans cette pensée qu'on édicta les articles 544 et 545 (1). Voilà un bon début; nous pouvons avec une certaine confiance suivre le Code civil dans la route où nous avons projet de nous engager avec lui. N'y a-t-il pas déjà lieu d'espérer qu'elle lui sera heureuse?

A la vérité, tels principes existent que les législations ont peu de mérite à reconnaître, parce que, virtuellement ou explicitement, elles ne peuvent pas faire autrement que de les adopter; elles ont alors à faire avec des puissances auxquelles n'a jamais échappé la direction du monde. Mais, quoique dans leur essence, ces principes suprêmes du droit soient uns et invariables, dans l'application, cependant, ils apparaissent à l'humanité sous des formes plus ou moins claires, plus ou moins larges, suivant qu'une époque se traîne à l'état de faiblesse ou se soutient à l'état de progrès. Le droit ne peut rester dans son idéal; il faut qu'il se réalise par des institutions formulées; ces institutions empruntent leur caractère aux conjonctures contemporaines. Les différentes synthèses de ces formules d'application, si opposées dans leur esprit, forment ce qu'on appelle constitutions des peuples. Depuis nos orages révolutionnaires, l'esprit de parti nie cette définition. On prétend, par exemple, que l'indifférence avec laquelle le pays

(1) Portalis, *Exposé des motifs*. (Fenet, t. xi, p. 112 et 113.)

3*

aurait assisté à la discussion du code constitutionnel de 1848, prouve le discrédit irréparable dans lequel serait tombé ce qu'on appelle la chimère des constitutions. Nous ne saurions reconnaître ni le fait, ni l'induction qu'on en tire. D'ailleurs, envisageons la question d'une manière plus générale ; à la vérité, les chartes politiques n'ont jamais été considérées par les gens sérieux que comme créant une légalité provisoire ; mais, au moins, cette légalité semble merveilleusement utile, puisqu'elle est l'édifice momentané, sous l'abri duquel une nation travaille à faire passer dans les lois ses intérêts, son tempérament et son génie qui sont sa constitution permanente. Toujours la situation civile se marie à l'esprit des gouvernements ; toujours l'axiôme de Bacon se justifie : « Le droit privé vit sous la tutelle du droit public » (1).

Aussi, en examinant les choses à fond, comme on ne trouve que deux sortes de gouvernements dans le monde, on ne rencontre que deux régimes pour les lois civiles et spécialement pour les lois de successions. Ici domine la formule patricienne, ailleurs, la formule plébéienne ; dans tel pays, les lois pour l'accomplissement de vues politiques cherchent à maintenir l'influence de certaines familles privilégiées ; dans cette autre contrée, la législation arbore avant tout le drapeau de l'égalité, en tant que cette égalité ne blesse pas les notions de la loi naturelle. Voilà, ce semble, l'opposition du carac-

(1) *Aphor.*, 3.

tère que présentent les patriciats et les gouvernements démocratiques. Il faut, nous le croyons, voir dans le triomphe alternatif de ces deux principes une convenance de temps et de lieux, souvent indépendante de toute idée morale. Quoi qu'on ait pu dire d'amer contre les institutions aristocratiques, il n'est pas impossible que, selon les époques, ce système de gouvernement soit le meilleur. Il y aurait peu de philosophie à juger l'enfance des peuples avec les idées des temps de lumière et de progrès.

Si le système patricien s'empare invariablement de la jeunesse des peuples, ne serait-ce pas la conséquence d'une loi providentielle qui régit les nations comme les individus : le premier âge de l'homme, les premiers siècles d'une nation sont livrés à l'ignorance, à une faiblesse de facultés qui empêchent le développement suffisant des idées innées de justice ; la tàche de chaque homme la tàche de chaque peuple est de dégager peu à peu les idées du nuage qui les obscurcit. Mais, en attendant que l'association se trouve arrivée au développement intellectuel nécessaire, il s'élève dans son sein, et par l'entraînement des choses, des tuteurs qui, à peu près du gré commun, se chargent de la conduire; seulement plus l'âge augmente, plus est grande la somme de liberté que l'association réclame; là gît, en matière de philosophie sociale, l'explication du dualisme perpétuel entre la prépondérance des minorités et celle des majorités ; d'ailleurs, depuis l'origine de cet antagonisme, on découvre qu'à chaque bataille vaincue ou victorieuse, l'idée patricienne a perdu quelque chose de sa puissance. Le principe des majorités, au contraire, voit tous les jours augmenter sa sève ardente et décupler sa sphère d'action. On dirait que les poëtes Grecs, historiens de l'avenir, ont voulu la dépeindre dans cette Daphné, devenue laurier, qui ne peut vieillir et jouit sans cesse, malgré les frimas, d'une verdure immortelle.

Dans laquelle des deux armées s'est enrôlé le Code civil ? A quel drapeau a-t-il apporté l'immense influence des lois successorales? Dans quel arsenal a-t-il choisi ses institutions en matière d'hérédité?

Pour résoudre la question, il est indispensable de jeter un coup d'œil sur les institutions successorales du droit Romain et sur celles de la France coutumière jusqu'au consulat. Nous poursuivrons ainsi un but purement historique d'abord et philosophique en outre; historique, parce que, pour la loi des successions, le Code civil a dû s'inspirer des institutions Romaines ou Germaniques qui se trouvaient en présence sur le sol de notre pays ; philosophique, parce que, d'une part, la législation Romaine nous montre l'ensemble des deux systèmes successoraux patricien et démocratique de la race Gréco-Latine qui absorba l'ancien monde, et que, d'autre part, les institutions coutumières de la France nous présentent les deux systèmes successoraux chez la race Slavo-Germanique qui domine le monde nouveau. D'ailleurs, ce voyage rétrospectif va être nécessairement très bref; dans les siècles écoulés il faut seulement chercher la dénomination patronymique du nôtre, mais non sa complète généalogie. Le présent, voilà notre but et il ne nous est point permis de laisser venir la fin du jour en nous attardant au spectacle du passé.

Sous le rapport de l'équité, quel drapeau ont arboré d'abord, dans leurs institutions successorales, le droit Romain et la législation coutumière de notre pays?

Sous le nom de patriciat et de féodalité, l'une et l'autre ont commencé par consacrer le principe aristocratique.

Les patriciats prennent naissance à l'origine des sociétés, et quand les idées morales sont peu développées, leur devise est : LA FORCE. Le mot aristocrates répond à *optimates* les plus forts, de *ops* puissance (1). Les Héraclides, qu'on retrouve en Grèce, en Crète, en Asie-Mineure, doivent leur nom à un homme d'une vigueur miraculeuse ; les Quirites romains sont les enfants de la lance, *quir*, ou bien des hommes aux bras robustes (χείρ). Dans la Germanie antique, la force était la première qualité du héros (2), et aux yeux du chef elle formait à peu près la règle de justice.

Mais quel moyen de conquérir la force ou de la conserver?

La possession de la terre qui nourrit les hommes a toujours semblé la manière la plus efficace de les tenir en dépendance ; tout nous montre dans l'histoire les

(1) Ceux qui connaissent Vico verront que nous lui empruntons ces observations philologiques (*Science nouvelle*, t. 1, *passim*).

(2) Tacite, *Germains*, § VII.

3**

nobles ou plus forts s'appuyant sur l'appropriation exclusive de la terre. Ils se mettent en position de dominer les plaines et s'établissent sur les hauteurs. De là ils commandent les champs dont les plus faibles n'usent qu'avec leur tolérance ; quelques-uns de ces derniers sont leurs serviteurs ou *famuli*, d'où famille. Aux temps primitifs, on appelait le ciel *Jupiter;* cela nous donne l'origine des divinités de la mythologie. Ces Dieux furent les membres les plus brillants des aristocraties terriennes dans les siècles primitifs. Voilà pourquoi Homère, suivant la tradition qu'il entendait, plaçait toujours les Dieux sur des hauteurs. Les géants qui firent la guerre aux puissances célestes, entassèrent Ossa sur Pélion, Olympe sur Ossa. Les fondateurs de Rome établirent sur trois collines les asiles puissants (Ρωμη), d'où ils voulaient dominer la vallée du Tibre. Des forteresses couronnèrent tous les rochers de l'Europe féodale. Aussi les aristocraties disent leurs enfants, *ex illustri loco ortos*, race de *haut lieu.* Les associations formées par les chefs de famille s'appellent en grec φρατρίαι, probablement de φρέαρ puits ; les établissements formés par les autres hommes s'appellent en latin *pagi* de πηγή fontaine ; ce sont les habitants des lieux inférieurs, des sources, qui n'ont pas avec la terre une relation libre.

En effet, les patriciats, admirateurs de la force, sont, à leur insu, portés à faire les lois selon leurs intérêts ; ils ne voient dans la loi qu'un privilége (*legere*, choisir). Ces fils de *Jupiter* donnent au droit leur nom de famille, Δίκαιον de Διός *Jus* de *Jovis*, comme qui dirait : ordre de *haut lieu*. Dans ces codes vous retrouverez le caractère de l'homme primitif, farouche et puissant (1).

Voilà pourquoi les constitutions patriciennes reconnaissent invariablement deux sortes de propriétés : 1° le domaine quiritaire aux nobles ; 2° le domaine bonitaire aux plébéiens, aux clients. Aux lois dont nous parlons remonte la vassalité (de *vas* qui lui-même dérive de Ϭάϛ). Là se trouve l'origine des fiefs roturiers. Les nobles ou pères de famille résument en eux toute puissance sur le sol ; leur intérêt prend les apparences du bien-être général qu'ils appellent *patrie* ou *intérêt des pères* (πατήρ πατρὶϛ *patria*).

Non seulement la philologie, mais encore l'histoire proprement dite, prouve chez les aristocraties cette tendance à l'agglomération des terres dans certaines mains. Il ne sera pas dans ce travail question de l'esclavage. Par une fiction infâme l'esclave ne se possède pas lui-même ; comment tiendrait-il quelque chose à titre de propriété ? Voyons seulement comment se passent les choses entre hommes libres. Les gouvernements d'Homère sont aristocratiques, car on entend Jupiter dire à Thétis : « Qu'il a été obligé d'obéir à ce que les dieux ont décrété dans le conseil de l'Olympe. » Or, dans l'Illiade, Achille, se plaignant de l'injure à lui faite par Agamemnon, s'écrie qu'on n'agirait pas ainsi envers UN COLON N'AYANT AUCUN DROIT DE CITOYEN (2).

(1) Voir Vico, *science nouvelle*, passim.
(2) Vico, *Loc. cit.*

Les gentilshommes de Sparte, pour nous servir de l'expression d'Amyot (1), s'étaient exclusivement réservé tout domaine sur le sol (2). Déjà il a été parlé des lois aristocratiques de Minos, des constitutions de l'Egypte et de l'Inde.

Grâce à une lutte acharnée, la loi des XII Tables, à Rome, donna aux plébéiens le domaine quiritaire de ce qu'ils possédaient; mais n'ayant pas de droit de mariage solennel, qui seul entraînait l'agnation et la gentilité, ils ne pouvaient laisser à leur ordre ni *ab intestat,* ni par testament, leurs biens qui revenaient aux auteurs (*auctoritas,* propriété), c'est-à-dire aux pères, aux patriciens. Les plébéiens n'obtinrent qu'après des combats réitérés ces mariages solennels faits sous les auspices publics (*connubia patrum*). Faut-il rappeler combien notre régime féodal avait profondément affecté la propriété du sol? Après l'invasion Franke, les petits propriétaires, peu à peu poursuivis, assimilés de plus en plus aux serfs, furent presque tous forcés de *recommander* leurs terres aux seigneurs et aux couvents. Bientôt sur tout le territoire la culture se fit par des vilains taillables à merci. Si la propriété roturière et libre subsista encore, surtout dans le Midi, ce ne fut qu'en supportant des redevances sans nombre, services corporels, tailles, cens, dîmes. Ce système, adouci, il est vrai, régit encore une partie de l'Europe. Cependant, avouons

---

(1) Trad. de Plutarque, *Vie de Lycurgue,* § vii.
(2) Aristote, *Politique,* t. 1, p. 165.

que si on la compare aux patriciats antérieurs, l'aristocratie féodale, sans doute sous l'influence des mœurs chrétiennes et par la loi du progrès, oublie un élément de domination. Aux plus mauvais jours, le serf, bien plus heureux que l'esclave de l'antiquité, a droit de famille et d'une certaine possession précaire.

L'esclavage antique reparaîtra cependant, mais en dehors de la féodalité et les exploiteurs seront contraints d'aller le cacher au-delà des mers, et les gouvernements même qui toléreront cette usurpation criminelle, se croiront obligés de voiler l'odieux et la honte de leur conduite sous de pompeuses paroles.

En réfléchissant à cette passion que montrent les patriciats pour asservir le sol et en faire un instrument de puissance, on peut deviner quel régime de successions ils adoptent : celui qui paraît le plus propre à agglomérer et perpétuer dans leur sein la propriété immobilière. Sous ce rapport, le patriciat Romain peut donner une idée des constitutions nobles de l'antiquité; la féodalité a résumé les principes de l'aristocratie moderne. Or, il est curieux de voir comment cette féodalité, pour arriver à son but, n'a guère employé d'autres procédés que ceux adoptés par les aristocraties antérieures. De cela faut-il induire qu'elle soit arrivée à une aussi complète domination? Les tendances de l'humanité vers le progrès doivent-elles rester inefficaces? Et vaut-il mieux laisser la direction du monde au hasard? Non, au temps de la féodalité, malgré une constitution habilement combinée, le principe dominant s'est trouvé, on l'a déjà vu, avoir perdu de sa force. Non, il ne faut rien laisser au hasard ; ce n'est point là l'idée qu'a donné au cœur humain celui qui en a pétri l'argile. La mer ne fait jamais un pas sur ses rives sans reculer ensuite ; néanmoins elle monte, gagne toujours : ainsi la loi d'équité, après un pas en avant, est souvent forcée de lâcher une partie de sa conquête ; cependant chaque fois elle garde un avantage de terrain ; elle finira par tout envahir.

Mais admirons la ressemblance des moyens employés par les patriciats Romains et la féodalité. Dans les vues que nous leur connaissons, ils dûrent voir avec une extrême défaveur les dispositions testamentaires ; aussi y sont-elles en général renfermées par d'assez étroites limites, de sorte qu'elles ne peuvent point lutter contre la tendance de la loi. Ce phénomène se rencontre chez tous les peuples où domine le principe de la force; avec l'idée de puissance matérielle, comment attribuer aucune valeur à la volonté d'un homme qui n'est plus? D'ailleurs, les patriciats ayant l'esprit de conservation, dévoués au soutien de l'ordre établi, repoussent un œuvre, par excellence, manifestation de l'individualité. Chez eux le droit privé devient une branche du droit politique.

A Rome, dès les premiers âges et jusqu'aux Douze-Tables (1), la désignation de celui qui devait, après la mort d'un *père de famille*, prendre sa place et continuer juridiquement sa personne, n'était pas un affaire de

(1) Voir Ortolan, *Explic. hist. des Inst.*, t. i.

droit privé. Si un homme près de sa fin voulait rompre en toute ou en partie la hiérarchie des agrégations civiles marquée par les successions légitimes, il fallait une loi particulière votée dans ces comices curiates, tenus, en général, pour les actes les plus importants du culte religieux et qui dépendaient entièrement de l'association patricienne. Lorsque plus tard les testaments devinrent des actes privés, ce ne fut qu'avec des conditions telles que, pour la cause la plus frivole, ils étaient nuls ou n'atteignaient point leur effet; ainsi les successions légitimes ne manquaient guère de suivre leur cours. Le formalisme en pareille matière arrivait à ce point que Cicéron lui-même eut besoin de tout son génie pour faire regarder la substitution pupillaire expresse, comme contenant la vulgaire qni n'y était pas exprimée.

Il y a lieu de présumer que les anciens Germains prohibaient le testament. En tout cas, sous le régime féodal, les biens de famille, d'origine patrimoniale, furent mis pour la plupart hors de la disponibilité testamentaire; c'était un souvenir vivant de la loi Ripuaire qui enlevait toute efficacité à la dernière volonté du père *(scriptura)*. En Angleterre jusqu'au règne de Henri VIII, on ne pouvait disposer des terres par testament, et, même depuis cette époque, la législation y a maintenu la faculté de tester dans des limites fort étroites (1).

Rangeant les vivants dans un mépris presqu'égal à

(1) Blackstone, *Comment. sur les lois angl.*, ch. vi.

celui qu'elle montrait pour les morts, la féodalité mit des entraves aux libéralités entre-vifs; elles ne purent comprendre qu'une faible part du patrimoine et devinrent nulles si on les avait faites en haine des héritiers. Bien plus, il fallut quelquefois le consentement de son héritier apparent pour aliéner ou hypothéquer seulement ses immeubles propres.

D'autre part, cette législation connaissait des institutions contractuelles établies sous les yeux du seigneur, dans la vue d'assurer le fief de l'instituant aux héritiers institués et de rendre certains, par conséquent, le service et la conservation du fief. On vit se naturaliser sur le sol féodal les substitutions fidéi-commissaires et perpétuelles dont, au surplus, le droit romain doit revendiquer l'origine. Ici le législateur frappait la terre d'inaliénabilité en faveur d'une race de son choix, et enchaînait d'avance sur une échelle indéfinie sa puissance matérielle à certaines générations futures; en passant en revue tout le système de successions testamentaires adopté par la féodalité, on voit qu'il peut se caractériser et se définir dans les substitutions perpétuélles, aliénations des richesses futures, images de la préférence, de l'immobilité et de la conservation.

Dans les successions *ab intestat* le but se révèle mieux encore.

Toujours par esprit de caste, par exagération de l'idée de famille, on fait d'abord en sorte que l'héritage, dût la justice en souffrir, revienne exclusivement en des mains capables de le défendre et d'en payer les services.

On peut croire que les chefs des premières aristocraties privèrent les filles de tout droit successoral , au
moins quant à ce qui concerne le sol. Il y aurait peut-
être erreur à combattre notre assertion au nom de la tendresse paternelle ; Platon voit dans Polyphème la figure
des premiers pères de famille , et probablement ils mé-
ritaient cette comparaison peu favorable. Quoiqu'il en
soit, on a les plus fortes raisons de douter qu'à Rome, aux
commencements , les filles succédassent. En Germanie ,
la femme ne pouvait jamais hériter de la terre et ce droit
est devenu celui de toute l'Europe au moyen-âge. D'où
l'adage : « Quant à l'héritage, homme va , femme s'en va. »
Nous trouvons en France le droit de masculinité à l'état
de fait certain. Par application du principe , les coutumes admirent la renonciation des filles dans leur contrat de mariage à la succession de leurs père et mère.
Souvent même , le mariage faisait présumer la renonciation. Qu'importe ! ont dit certains historiens ; quand
plusieurs constitutions refusèrent toute succession à la
femme , ce ne fut pas chez les législateurs calcul politique, ni mépris de la faiblesse, mais plutôt un généreux
instinct, une vue plus noble du mariage , plus désin-
téressée et plus idéale. Ils voulaient que la femme passât
aux mains de l'homme sans autre dot que sa blanche
robe , son voile blanc , son chapel de rose ; qu'en elle
il fût bien sûr de n'avoir aimé qu'elle-même. Voilà des
raisons de poëtes ; mais elles n'en sont pas meilleures :

« . . . . . . Pictoribus atque poëtis
» Quidlibet audendi semper fuit æqua potestas. »

Une fille, selon la loi philosophique et raisonnable, a autant de droit qu'un garçon à la succession de son père ; les faits ne devraient jamais être démentis par les préceptes. A ne voir même que l'intérêt et la moralité du mariage, il importe que la femme y obtienne la liberté morale qui résulte en général d'un apport de fortune. Loin de là, chez les Germains, la femme achetée par le Wittemon devenait la chose du mari. La féodalité remplace le Wittemon par le douaire; le fond reste le même. Au surplus, en adoptant le privilége de masculinité, les patriciats n'ont pas eu le but spiritualiste qu'on leur prête si généreusement. Pour preuve, ce fait, qu'à Rome, les ascendants considérés comme branche débile et morte, sans être positivement exclus par le texte de la loi, ne succédaient jamais. De même en droit féodal et coutumier, presque partout la succession des propres n'était point déférée aux ascendants, d'où la maxime : *propre héritage ne remonte pas.* Il y avait exception seulement en ce que les ascendants succédaient aux propres qui dérivaient d'eux. Encore maintenant, en Angleterre, à raison de la faiblesse de l'âge, les père et mère et les ascendants sont exclus de la succession de leurs descendants pour les immeubles (1).

Le droit d'aînesse dérive de la même idée sur le respect dû à la force et à l'intérêt des agrégations nobles. Les Francks l'ignoraient d'abord, puisque même sous la seconde race de nos rois, on voit l'empire se partager également entre les fils du souverain décédé. Cette ins-

(1) Blackstone, *loc. cit.*

titution, inconnue aux Germains aussi, fut un perfectionnement du système féodal. Le patriciat romain n'avait point établi le privilége de primogéniture; mais la faculté d'émancipation, le droit d'exhéréder dirigé par les comices curiates pouvaient, selon la volonté du chef de famille, mener indirectement au même but.

A Rome où les agrégations de personnes étaient très factices, un individu ne pouvant, aux yeux de la loi, appartenir qu'à une seule famille, de tout temps, on ne reconnut dans la succession du chef qu'un seul patrimoine. La vie errante des Germains avait laissé plus de place chez eux aux affections, fruit des alliances naturelles; l'enfant tenait donc à la famille de sa mère comme à celle de son père. Les patriciens et les conquérants barbares s'efforcèrent également de conserver au moyen des lois les biens dans les familles selon la manière dont ils entendaient ce mot. A Rome, on éloignait de la succession les parents par femmes, lesquels simples cognats auraient transporté les biens dans une autre agrégation civile. De plus, si le chef voyait sa famille prête à s'éteindre, il pouvait la soutenir et se donner un héritier légitime par adoption. Au temps de la féodalité, prirent partout naissance les droits de reprise de la ligne d'où provenaient les biens, ce qu'on exprimait en disant : *Paterna paternis; materna maternis.* Ce ne sont pas toujours les plus proches parents qui succèdent, mais bien les parents de la ligne de laquelle dérivent les propres. Toujours le mépris de l'individualité et des affections présumées du défunt.

4

L'aristocratie du moyen âge couronnait sa constitution de la propriété, par le retrait féodal, arme si puissante de l'autorité seigneuriale proprement dite, et par le retrait lignager, tout dans l'intérêt de la famille noble.

Les différences qui, plutôt dans la forme qu'au fond, existaient entre le vieux droit romain de succession et le droit du moyen âge, consistaient en ce que, d'après cette dernière législation, les parents légitimes du défunt jouissaient, exclusivement à toute autre personne, du titre d'héritiers ou de représentants de ce dernier, même dans le cas où il avait fait un testament; *institution d'héritier n'a point lieu* (1). Ces parents devenaient de plein droit propriétaires et possesseurs de l'hérédité: *le mort saisit le vif, son plus prochain héritier habile à lui succéder* (2). Mais on pouvait renoncer à la succession (3). Les légataires étaient tenus de demander la délivrance de leurs legs aux héritiers du sang.

Le droit de représentation, protection accordée à la faiblesse, se fit assez difficilement admettre; il n'en est parlé pour la première fois que dans les formules de Marculphe. D'ailleurs, l'habitude de l'injustice réduisait quelquefois le sens moral à néant. L'empereur Othon Ier, ne sachant s'il devait admettre la représentation en ligne directe, fit décider la question par un combat en champ clos; heureusement les champions des oncles furent vaincus et on admit les enfants à représenter leur

---

(1) Loisel, *Instit. coutum.*, liv. ii, tit. iv.

(2) Loisel, *ibid.*, liv. ii, tit. v.

(3) *Ibid.*

père. On appelait cela jugement de Dieu; il fallait en effet miracle pour que le bon droit triomphât.

Les caractères que nous venons d'assigner au droit des coutumes furent d'abord ceux de la succession féodale. Dans le principe, les alleux ou terres libres étaient régis par des lois plus équitables. Mais peu à peu l'esprit d'inégalité et d'injustice aristocratique descendit des familles nobles aux familles bourgeoises. On distingua en succession allodiale les héritiers des propres et ceux des acquêts; les successions des propres imitèrent en plusieurs autres cas celles des fiefs. Plusieurs coutumes adoptèrent même le droit de masculinité et d'aînesse pour la transmission héréditaire des alleux.

Ajoutez qu'à un moment, dans le Nord, les alleux avaient presque complétement disparu, si bien que pour ces contrées, on put considérer la présomption *nulle terre sans seigneur*, comme formant le résultat dominant de l'époque.

Les pays de droit écrit ne voyaient pas les choses se passer tout à fait de même. Dans ces provinces du Midi moins frappées par l'invasion, moins oublieuses du droit Théodosien, les alleux avaient toujours subsisté même à l'époque où la propriété féodale prit son caractère dominateur. On y admettait la présomption : *nul seigneur sans titres*.

Là, le droit romain réglait la transmission héréditaire des alleux; heureusement ce n'était plus cette législation inexorable des vieux Quirites sur laquelle nous venons de jeter un regard. Après avoir passé en revue les ins-

titutions successorales chez des gouvernements aristocratiques, il est temps de regarder la contre-partie ;
après avoir vu régner et fonctionner la force, voyons
comment le droit s'émancipe, de quelle façon il procède.
Oui ! l'équité va paraître enfin ; à la longue elle triomphera des institutions égoïstes. Courage ! « L'Occident
est noir, mais l'Orient commence à blanchir. »

A Rome, pendant des siècles, la classe opprimée avait
combattu les patriciens pour acquérir un patrimoine et
une part d'influence dans les destinées du pays. L'élément plébéien l'emporta ; à chacune de ses victoires politiques vint correspondre un changement dans l'organisation de la famille et celle des biens. Les priviléges
succombent peu à peu pour faire place aux droits de la
nature, et la loi successorale se modifie dans un esprit
d'équité et de saine égalité.

Chaque disposition s'empreint de la pensée démocratique. Ainsi, les testaments rentrent définitivement dans
le droit privé. Plus tard, afin de favoriser la division
des richesses qui font toute l'ambition du peuple, les
préteurs débarrassent les rédactions testamentaires de
ce formalisme qui, si souvent, les rendait vaines et avait
fourni à Plaute le sujet d'amères satires. En outre, les
plébéiens, faisant consister toute leur fortune, toute leur
puissance dans la multitude de leurs fils, commencent
à sentir plus vivement la tendresse paternelle. Ce sentiment avait dû rester endormi chez les plébéiens de la
cité purement aristocratique qui n'engendraient des fils
que pour les voir esclaves des nobles. La remise en hon-

neur de la tendresse paternelle fait limiter sagement,
quoique d'une manière indirecte, les dispositions testamentaires qui blesseraient le droit raisonnable ; d'où la
plainte d'inofficiosité. A part cette restriction, le testateur, selon les décrets de la loi naturelle, jouit d'un
pouvoir illimité et non contrôlé, relativement à la disposition de ses biens.

Si le défunt n'a pas institué d'héritier, seulement alors
la loi se permet de prendre sa place, et elle apporte maintenant à cette œuvre une pensée largement démocratique. Autant la multitude des plébéiens a été dangereuse
aux patriciats, au gouvernement du petit nombre, autant elle pourra agrandir la démocratie ; déjà, sous la
République, les préteurs, ramenés par le sentiment de
l'utile à celui du juste, ont compté pour quelque chose
les femmes et les droits du sang et leur ont prêté secours
par les *possessions de biens.* Les empereurs représentants
de l'élément populaire accordent encore avec plus de
faveur justice aux femmes, pour compenser, disent-ils,
les dangers et les douleurs de l'enfantement; des séna-
tus-consultes mettent les cognats sur la ligne des agnats;
enfin Justinien rompt ouvertement avec les formes du
passé aristocratique. Le nouveau législateur dans la distribution des biens après décès suit d'abord les droits
immuables de la nature, puis en seconde ligne l'intention
présumée du défunt. Il faut voir ces lois généreuses (1)
où l'on proclame ouvertement l'égalité entre tous les

(1) Les novelles cxviii et cxxvii.

4*

enfants sans exception, et les droits sacrés de la femme, qui, longtemps, n'avait pu toucher à la succession de ses fils que par simple tolérance (1). Mais les barbares ne laissent pas à l'œuvre de Justinien le temps de porter des fruits, pour le moment du moins, et on voit s'affaisser, comme une ville bâtie sur un cratère, l'édifice spiritualiste commencé par l'école stoïcienne de Labéon.

Ce droit philosophique et chrétien subsiste bien, à la vérité, dans le midi des Gaules. Par malheur, quelquefois, les faits prennent une large place au milieu de la société. La France entière était plus ou moins féodale, on l'a vu. Voilà pourquoi, au Midi, malgré les promesses d'égalité écrites dans la loi romaine, la faculté de tester s'exerça au profit du fils aîné ; pour les biens de franc-alleu, l'institution romaine d'héritier combinée avec le droit d'aînesse et les lois féodales paralysèrent longtemps le principe salutaire de la législation justinianéenne. Tous les pères de famille créaient des aînés dans les biens qui n'étaient pas nobles et qui auraient échappé au droit de primogéniture imposé par les coutumes. D'ailleurs, ce n'était pas seulement dans les mœurs, mais aussi dans la loi positive que le droit des vainqueurs, des hommes du Nord, avait exercé une influence sur le droit des Romains du Midi ; on peut s'en convaincre par l'examen de quelques dispositions communes aux deux lois (2).

(1) Voir les S. C. Tertullien et Orphitien.

(2) Ainsi, par exemple, on suivait en pays de droit écrit la règle coutumière : *Le mort saisit le vif.*

Cependant il est de la nature des choses extrêmes de ne pas durer; tôt ou tard le ressort qui les maintient se brise. La féodalité française fut sourdement attaquée par un souffle venu du peuple. La lutte de l'idée aristocratique et de l'idée démocratique compose toute l'histoire du monde ; les deux éléments obtiennent alternativement l'avantage, et lorsque cette victoire semble, pour le moment du moins, complète, sans condition, sans remise, on dit qu'il vient de s'accomplir une révolution.

Or, à partir du XIIe siècle, une révolution se préparait en France, une révolution des masses déshéritées contre la domination féodale. Dans cette guerre d'affranchissement, les populations se donnèrent pour chefs les rois qui de leur côté marchaient vers elles, car les deux causes de la royauté et du peuple n'en formaient qu'une, l'ennemi était commun, on se trouvait allié de circonstance. L'esprit populaire caché sous le manteau royal poussa d'abord les seigneurs féodaux aux aventureuses croisades, comme on excite à la promenade un fâcheux dont on veut se débarrasser. Les guerroyeurs, forcés d'affranchir leurs serfs au moment du départ, firent alors des concessions de terres afin de les retenir sur leurs domaines. C'était une pierre angulaire enlevée à l'édifice féodal ; les communes prirent naissance. Dans les bourgs, dans les villes, le travailleur des ateliers devint libre ; la truelle et le marteau prirent des lettres de réhabilitation et formèrent un tiers-état. Cette nouvelle classe ayant amassé par le labeur une fortune mobilière et acquis peu à peu une position élevée, en face d'une aristocratie foncière, vient se placer une aristocratie de comptoir. L'ancien travailleur, riche aujourd'hui, n'aura jamais pourtant les goûts, les pensées, les habitudes des privilégiés de naissance ; fils de ses œuvres, il garde plus qu'un noble de la prédilection pour le droit. Tandis, par exemple, que chez nous au moyen âge l'aristocratie féodale assise sur le sol établissait des priviléges d'aînesse et de masculinité, certaines républiques Italiennes dominées par des aristocrates de fortune mobilière proclamaient l'égalité des partages et la suprématie de la loi naturelle. Le sol est le fondement de toute aristocratie viable, en lui prêtant sa fixité et sa durée ; la richesse mobilière qui ne connaît pas les traditions, qui peut être acquise par toutes personnes, convie chacun au bien-être par le travail et appelle ainsi les constitutions et les lois démocratiques.

Aussi l'émancipation partielle du sol, fruit des croisades, amena-t-elle d'autres pas dans la voie du progrès particulièrement en matière de successions. Les légistes, enfants des communes, vinrent aux conseils de la royauté représenter l'élément populaire. Ces ennemis infatigables du despotisme féodal, saisissant avec ardeur la lumière retrouvée de la législation romaine, l'entretinrent dans un vaste foyer d'où elle put s'élever et rayonner sur divers points de la France. Par leur influence, Philippe Auguste fonda en l'an 1200 l'université de Paris et entoura l'enseignement du droit Romain des plus grands priviléges ; cinquante ans après s'élevait l'école de Toulouse qui ne tarda pas à avoir d'autres rivales. En attendant, des attaques étaient dirigées contre les institutions successorales de la féodalité. Ainsi pour dégrever les héritiers de l'impôt qu'ils payaient au suzerain, ils créèrent la célèbre maxime dont nous avons parlé déjà : *le mort saisit le vif;* dès lors cessa la fiction singulière par laquelle toute personne en mou- rant était censée se dessaisir de ses biens entre les mains de son seigneur à qui ils retournaient comme au maître primitif. Dumoulin imagina une nouvelle théorie de l'acte récognitif et enseigna que le titre primordial devait seul faire foi, afin que le seigneur à chaque reconnaissance de sa suzeraineté n'aggravât point les charges de son vassal (1). Bien auparavant, Louis VIII inspiré par les gens de lois, avait attaché aux apanages la condition d'être reversibles à la couronne à défaut d'héritier mâle. Enfin la royauté restait dans la voie du progrès, lorsque, signalant les inconvénients attachés aux substitutions perpétuelles dont l'usage était devenu très fréquent, elle restreignait à deux degrés l'institution non comprise, la faculté de substituer (2). Depuis plus de quatre siècles déjà les barons s'étaient plaint que *les rois avaient les mains longues* (3); c'est que les masses

(1) On ne voit pas, par exemple, ce que fait dans l'article 1337 du Code civil la théorie de Dumoulin.

(2) Ord. d'Orléans en 1560, art. 59; — Ord. de Moulins en 1566, art. 57; — Ord. de 1747, art. 30 et suiv.

(3) Vie de Louis-le-Gros, par Suger. (Guizot, *Hist. de la civil.*, t. IV, p. 398.

prêtaient aux rois, quoique timidement, le secours de leurs invincibles étreintes.

Mais la royauté n'était pas toujours avec les populations ; de temps à autre, comme si elle se fût trop souvenue de son origine, l'esprit féodal reprenait le dessus dans ses affections. Voilà ce qui explique comment au XVIᵉ et au XVIIᵉ siècles les ordonnances organisèrent l'exhérédation (1).

Un jour vint à partir duquel les lois successorales devaient prendre des tendances sérieusement équitables. Lorsque se réunirent les états généraux de 1789, la société ancienne avait fait son temps ; préparé pendant cinq cents ans, un progrès remarquable s'était élaboré, depuis le commencement du siècle surtout. Chez le public des philosophes, à la Cour, même dans la chaire sacrée, on avait entendu des penseurs, par une émancipation soudaine, disserter sur les gouvernements et les peuples, s'occuper des matières générales qui se rapportent à l'ordre des sociétés ; on les avait vus rechercher les conditions d'une organisation nouvelle, se proposer d'atteindre tous ces grands phénomènes dont se compose la vie morale ou physique des individus ou des états, de les classer selon leurs caractères essentiels et de les rappeler à leurs principes les plus simples. Avec tant d'efforts la dialectique de l'équité s'organise, prend la responsabilité d'une contagion sociale et donne le branle à toutes les intelligences. Une époque en vieil-

---

(1) Edit de 1566 ; — Ord. de 1579 et de 1639 ; — Edit de 1697.

lesse a consommé ses vérités relatives ; on conçoit, on
veut plus de droit qu'on en possède, on va s'attaquer
aux établissements historiques et outrepasser ce qui
existe pour le changer. Malheureusement à ces idées
exactes se mêlent de dangereux écarts ; le christianisme
à l'action incessante duquel est dû le triomphe du principe spiritualiste, le christianisme se voit méconnu,
renié comme un hôte que ses ingrats convives préten-
draient exclure de la salle du festin. Dès le milieu du
xviiie siècle, les pionniers, imprudents de la pensée
humaine ne considèrent plus toute religion, en général,
que comme un assemblage de préjugés frivoles, hors
de proportions avec l'époque, bons tout au plus pour
les âges où l'esprit humain était encore dans les langes
de l'enfance. Ainsi, l'incrédulité vient se marier à l'en-
thousiasme du droit, le faux prétend s'associer au vrai,
et comme les plus pernicieuses erreurs sont précisément
celles auxquelles se mêle une portion de vérité qui leur
communique une plus grande puissance de persuasion,
les bons résultats, fruits de cette agitation universelle
des âmes, ne peuvent se produire sans être, quelque
temps, paralysés en partie par une fatale influence.

La réforme qui termina le dernier siècle, pouvait
être pacifique ; elle devint peu à peu une catastrophe
effroyable dirigée par des esprits fanatiques et des-
tructeurs. Mais laissons le mal et parlons surtout du
bien.

Les lois révolutionnaires réagirent de toute l'énergie
du radicalisme contre les statuts réels du droit de cou-

tume. D'une part elles cherchent à se relier à la loi naturelle, à l'équité ; d'autre part et quant au côté purement politique, de même que le système féodal avait accumulé les richesses dans les mains d'un petit nombre, ainsi et par des vues contraires la démocratie à peine au pouvoir voulut favoriser le morcellement du sol.

Faisons ici une remarque. La seule qualité absolument indispensable aux yeux de la morale pour toute constitution politique ou civile, c'est qu'elle respecte le droit de chacun ; lorsque pour accumuler ou diviser les richesses la loi ne viole pas les principes de la justice ni le droit de propriété des individus, l'une ou l'autre de ces deux tendances se résume dans une question toute d'utilité, toute économique et nous examinerons dans une partie à part ce côté du problème successoral.

Poursuivons, au point de vue du droit, l'examen des lois révolutionnaires. Une liberté complète, dans les premiers moments du moins, est laissée aux dispositions testamentaires, en tant qu'elles n'empiètent point sur les droits d'un héritier. Ceci est décrété par la Constituante, et deux ans après la Convention abolit pour l'avenir l'institution patricienne des substitutions fidéi-commissaires. Quant aux successions *ab intestat*, l'assemblée constituante s'est contentée de détruire tous les priviléges admis jusque-là dans la matière des successions, notamment ceux de primogéniture et de masculinité. La célèbre loi de nivôse an XI abolissant toutes les coutumes, usages et statuts relatifs à la transmission des biens par successions (1) annonce la volonté de ramener la succession *ab intestat* à la loi philosophique. Elle fait disparaître la distinction ancienne des acquêts et des propres, celle des biens paternels et maternels ; pour régler l'ordre de succéder, elle remonte vers l'ordre naturel des affections ; au nom de la justice elle proclame l'égalité des partages et par suite abolit tant l'usage des renonciations contractuelles faites par les filles dotées, que la faculté d'exhérédation, etc. Le bélier révolutionnaire frappe à grands coups contre le système réel de la féodalité.

Il faut bien ajouter que les législateurs de la révolution ne surent pas préserver leur œuvre de graves excès. Par l'effet d'une passion exagérée pour l'égalité, la loi de nivôse défendit de faire des avantages testamentaires même aux héritiers en ligne collatérale ; elle ne permit que les legs à titre singulier au profit de personnes non successibles. Ainsi on revenait au système patricien ; on refusait au mourant, sans raisons graves, le droit de faire prévaloir sa volonté dans la transmission de son héritage. Que de précautions doivent prendre les hommes au pouvoir pour ne point décréter la servitude là où ils veulent faire régner la liberté ! Dans les successions *ab intestat*, se laissant aller à la fièvre de désorganisation des pouvoirs qui régnait alors, la même loi viola la loi philosophique et compromit momentanément le sort de la famille, soit en excluant les père et

(1) Art. 61.

mère de la succession des enfants lorsqu'il y avait des
frères ou sœurs, soit en mettant pour le partage les
enfants naturels ou même adultérins sur la même ligne
que les enfants légitimes.

Voilà bien de graves erreurs de la part de ceux-là
même qui ont remporté pour la cause de la justice et de
l'esprit démocratique un si éclatant triomphe! N'est-ce
pas presqu'inévitable? Une révolution agit bien plus
par la haine du passé que dans la prévision de l'avenir.
L'incendie a laissé des traces lugubres sur le sol? Ne
nous en effrayons pas trop. Tout se réparera au souffle
de la pensée chrétienne comme jadis une cité s'élevait
aux accords de la lyre d'Amphion. Sans doute, hélas !
toutes nos œuvres se ressentent de notre imperfection ;
heureusement il arrive dans l'existence d'une nation des
temps d'arrêt où Dieu calme les passions de la multitude, ne laisse plus le mal s'introduire dans les institutions à l'égal du bien et communique aux législateurs
un rayon de son éternelle vérité.

Nous venons de voir l'hérédité, dogme immuable des
sociétés, affecter dans l'histoire deux formes d'application tout opposées, s'exercer suivant deux modes parfaitement contraires dans leur esprit. A laquelle des
deux écoles devons-nous rattacher le Code civil? Où
prend-il sa filiation? Quelles couleurs brillent sur sa
bannière? Prêtons attention, car voici un chapitre important de la charte du pays.

Hé bien ! le Code civil dans les lois successorales a
proclamé le triomphe de l'équité, poursuivi le morcelle-

ment de la richesse et donné raison à l'idée démocratique. Il cherche un sage milieu entre la constitution aristocratique et les excès des décrets révolutionnaires ; il trouve juste en général, et certes nos lois actuelles de successions forment un glorieux monument.

Néanmoins, il faut bien le dire, on regrette d'y rencontrer quelques dispositions qui blessent le droit philosophique et la justice ! Ce fait s'explique. Lorsque les rédacteurs du Code civil durent s'arrêter à un système de succession, ils éprouvèrent une grande difficulté. On était loin de tendre en 1804 à une complète unité de vues, à une entière netteté de plan. Tous les esprits éprouvaient une extrême incertitude sur la nature du gouvernement qui allait se former ; on était, dit Malleville, dans un état amphibie ; chacun agissait donc sans trop dire ouvertement ses motifs intérieurs d'après la forme qu'il croyait préférable. Cependant à travers le cahos des lois successorales anciennes et la multiplicité des dispositions révolutionnaires (1), il fallait s'arrêter à un esprit bien déterminé, sauf à en éviter les excès, puis ensuite choisir, séparer impitoyablement l'ivraie du bon grain. OEuvre épineuse ! C'était le cas de suivre le conseil du lyrique Grec et de s'armer de la sagesse d'OEdipe (2). Malheureusement sous les préoccupations d'une politique vacillante, on oublia quelquefois le

(1) Notamment : lois des 15-28 mars 1790, 8-15 avril 1791, 18 vendémiaire an II, 5 brumaire an II, 17 nivôse an II, 23 ventôse an II, 4 germinal an VIII.

(2) Γνῶθι νῦν τὴν Οἰδίποδα σοφιάν. (Pithia, *Carm.* IV.)

grand principe regulateur et on vota les lois successorales un peu dans un esprit de transaction. On ne réfléchit
pas assez qu'un système qui, même seulement pour certaines parties glane parmi les documents du passé risque
d'être, en ce qui concerne ces parties, autant une collec-
tion qu'un système ; qu'au milieu de ses richesses, il lui
manque un tempérament suffisamment énergique. Mais
les législateurs de 1804 étaient hommes, ils étaient
peuple, et malgré la somme la plus éclatante de progrès,
un peuple ne quitte pas soudainement toutes ses habitudes légales comme on ferait d'un vieil habit.

Au surplus ouvrons le Code civil ; prenons les titres
I et II du livre troisième ; là sont burinées les règles de
la transmission héréditaire. Fixons nos regards sur les
dispositions d'ensemble ; ce n'est certes pas une étude
sans intérêt.

Le titre Ier réglemente les successions *ab intestat;* il
n'y a pas en ceci un simple effet de circonstances for-
tuites, un coup de hasard ; le législateur de 1804 les a
très sciemment inscrites en première ligne, il leur a
donné la place d'honneur, non que, comme les aristocraties, il ait vu en général le testament avec défaveur ni
qu'il ait eu l'intention de lui imposer plus tard des
limites injustes, mais pour rappeler indirectement au
père de famille qu'il n'est que le dépositaire du patrimoine de ses enfants, et que quand même la loi de nature lui permettrait de disposer d'une partie, il doit bien
réfléchir avant de gratifier personne préférablement à
ces successeurs qu'il demanda un jour à la Providence
et qu'elle a bien voulu lui confier.

Quand y aura-t-il lieu à une transmission héréditaire ? La loi répond : « Les successions s'ouvrent par
la mort naturelle ou par la mort civile (1). » On ne peut
laisser passer sans critique une semblable disposition ;
outre qu'il y aurait à répéter sur la mort civile tous les
graves reproches qu'on lui a faits déjà, par exemple
qu'elle n'est comme peine ni égale, ni exemplaire, il
faut remarquer surtout que l'hérédité appartient en entier à la charte édictée par la nature ; à ce titre et à moins
qu'il ne s'agisse de protéger directement une institution
également de droit philosophique, la loi d'hérédité re-
poussera les fictions et les combinaisons pratiques qui
tendraient à violer ses conditions premières. La première condition nécessaire pour qu'il y ait succession à
un homme, c'est qu'il n'existe plus. Nous demanderions
donc une modification dans l'article 718.

D'ailleurs, sitôt que s'est éteint chez un homme cet
éclair que nous appelons existence, aux termes de la loi
naturelle, ses enfants ou ses ascendants copropriétaires
avec lui, se trouvent immédiatement, à l'instant même,
investis du domaine des biens naguère possédés par le
défunt; ou plutôt, nous l'avons vu, il n'y a pas transmission, mais simple continuation de propriété. Au cas
où existent seulement des collatéraux, la loi, se mettant
au lieu et place du mort *intestat*, suppose que ses plus
proches parents plus affectionnés de lui sont ceux auxquels il désirait voir aller sa fortune, et quoique pour

(1) Art. 718.

5

eux il n'y ait pas copropriété, la transmission est immédiate comme la transmission fictive dont nous parlions plus haut , elle *est instantanée* au moment qui suit le décès. Et non seulement le droit de l'héritier se renoue sans solution de continuité au droit du défunt, le principe s'étend jusqu'au fait de la possession qui est spiritualisée autant que possible. En sorte que ce n'a été qu'en apparence que la possession a appartenu intérimairement à l'être moral appelé hérédité vacante ; en acceptant, l'héritier est censé rétroactivement saisi, du jour du décès, des biens du défunt. Le Code civil voulant rendre hommage à ces principes, dit dans l'art. 724 : « Les héritiers légitimes sont saisis de plein droit des biens , droits et actions du défunt...... » Ainsi se trouve proclamée la saisine , ainsi on consacre la vieille formule de liberté : *le mort saisit le vif !* Ainsi on tend la main au système qui dégage la propriété particulière du prétendu domaine éminent de l'État (1). Ceci explique quel sens profond présentait le cri d'avénement : « *Le roi est mort ! vive le roi !* »

A la vérité, certaines écoles contestent qu'il faille donner à la saisine consacrée par l'article 724 la signification que nous venons d'indiquer ; elles objectent notamment que l'État s'est réservé un impôt sur les successions , qu'en agissant ainsi il s'est attribué le domaine

(1) Voir les discussions au Conseil d'État , *Exposé des motifs par Treilhard et le rapport de Chabot* (Locré, *leg.* t. x.) Désormais , à moins que nous ne leur empruntions , nous nous dispenserons de citer les procès-verbaux des travaux préparatoires.

éminent sur la propriété individuelle. Mais à cela nous répondons que l'impôt sur les successions n'implique pas plus l'idée de domaine éminent qu'un impôt quelconque sur la propriété: il implique l'idée d'une protection par l'Etat qu'on rémunère, parce qu'il ne peut vivre sans argent. Reste seulement à savoir s'il y a eu sagesse et opportunité à établir un impôt sur les successions, si la répartition en est équitablement assise. « Les traditions fiscales de la féodalité, dit M. Troplong (1), l'ont enrichie de ce tribut imaginé par Auguste, abandonné sous les empereurs chrétiens et rétabli par les seigneurs pour des raisons inapplicables aujourd'hui. ». N'importe la manière dont l'Etat s'est approprié cette invention productive, puisque l'habitude en est prise, puisqu'il a sa raison d'être dans les besoins du trésor, on ne saurait songer à le retrancher; mais ne pourrait-on le modérer en certains cas (2)? Au moins qu'on prenne garde de l'augmenter ; l'Etat est sur la limite de l'usurpation. Voilà la pensée du Code dans la proclamation de la saisine héréditaire et l'enseignement que la loi donne à ceux qui nous gouvernent.

Certains publicistes ont donc singulièrement méconnu la nature de l'impôt des successions, en prétendant que l'Etat avait le droit d'élever cet impôt jusqu'à

· (1) *Propriété d'après le Code civil*, p. 133.

(2) Voir les lois des 22 frimaire an vii, 27 ventôse an ix, 28 avril 1816, 15 mai 1818, 16 juin 1824, 8 septembre 1830, 21 avril 1832 et 24 mai 1834.

l'absorption d'une partie du capital ; un autre système prend une forme moins détournée et fait compter l'Etat comme une tête dans les successions (1); c'est tout simplement nier le droit individuel de propriété , le droit de la liberté et du travail. On a fait plusieurs propositions en ce sens à notre dernière assemblée Constituante ; elle les a toutes repoussées.

Du principe de la saisine résulte que l'acceptation dont parlent les articles 774 et suivants ne donne pas au successible la qualité d'héritier et de propriétaire des biens comme l'adition romaine , mais rend seulement irrévocable cette qualité déjà préexistante de plein droit. Au surplus , les héritiers en ligne directe eux-mêmes, peuvent renoncer à la succession , à plus forte raison l'accepter sous bénéfice d'inventaire, parce qu'ils ne sauraient être contraints de répondre d'une administration à laquelle ils sont censés avoir été complétement étrangers.

Du principe de la saisine résultera plus tard , en cas de plusieurs héritiers , que le partage qui aura lieu ne sera point constitutif , mais seulement déclaratif de propriété (2).

L'homme en quittant ce monde a laissé derrière lui son patrimoine qui, ne sachant rester sans maître, appartient déjà à des héritiers ; mais quels sont-ils ?

(1) Voir notamment par M. E. Buret un ouvrage très remarquable d'ailleurs, mais où se trouve parmi quelques autres aussi étranges cette singulière théorie. (*Misère des classes laborieuses* , liv. IV, ch. VII.)

(2) Art. 883.

Le Code civil distingue les successeurs réguliers ou héritiers proprement dits et les successeurs irréguliers ou héritiers imparfaits. Il ne saurait être question ici de la succession anormale connue sous le nom de droit de retour légal et dont parle l'article 747.

Les successeurs réguliers sont les représentants parfaits du défunt et recueillent dès lors absolument tous les droits, subissent toutes les obligations, alors même que ces dernières dépasseraient l'actif de la succession. Le défunt n'est pas représenté par les successeurs irréguliers ; il en résulte d'une part qu'ils ne subissent les dettes que jusqu'à concurrence des biens , d'autre part, que n'ayant pas la possession de droit , ils doivent la demander , soit aux successeurs réguliers , s'il y en a , soit à la justice.

Les personnes que la loi appelle à la succession régulière sont les parents légitimes du défunt jusqu'au douzième degré inclusivement , sans aucune différence entre les agnats et cognats , entre les parents du sexe masculin et ceux du sexe féminin , entre les aînés et les puînés (1).

L'hérédité se transmet d'après un seul et même ordre de succession. Cet ordre est entièrement indépendant de la nature et de l'origine des biens qui la composent. Le Code civil ne tient , sous ce rapport, aucun compte des distinctions autrefois admises entre les meu-

(1) Art. 731 , 745 , et 755, al. 1.

bles et les immeubles , entre les propres et les acquêts ,
entre les biens paternels et les maternels (1).

Les parents légitimes du défunt jusqu'au douzième
degré sont classés dans quatre ordres, dont chacun n'est
appelé à la succession qu'à défaut de tout parent de
l'ordre précédent. Cette dernière règle ne reçoit cependant son application que sauf l'exception résultant du
partage de l'hérédité entre les deux lignes , dans le cas
où il doit avoir lieu , ainsi qu'on va le voir.

La première classe comprend les descendants du défunt (2). Dans la seconde se trouvent les frères et sœurs
germains , utérins et consanguins , ainsi que leurs descendants , à quelque degré que ce soit (3). Si cependant
le défunt avait , avec des héritiers de cette classe, laissé
son père ou sa mère , ou l'un d'eux seulement , ces derniers seraient appelés à succéder conjointement avec les
premiers. Les ascendants du défunt figurent dans la
troisième classe, sauf le droit accordé au père et à la
mère de concourir avec les héritiers de la seconde.
La quatrième classe comprend les collatéraux du défunt,
autres que les frères et sœurs , ou leur descendants , lesquels font partie de la seconde classe.

On peut dire que voilà en général un ordre de succession conforme au droit naturel , comme la loi du
17 ventôse , comme les novelles de Justinien : le

(1) Art 732. — Voir cependant l'art. 896 et la loi des majorats dont il
sera parlé plus bas.

(2) Art. 746 et 750.

(3) Art. 748 à 753.

Code civil s'enrôle définitivement sous la bannière de l'équité. Mais après avoir payé à cette partie de nos lois successorales un juste tribut d'éloges, nous sera-t-il permis d'essayer une critique? Nous trouvons très fâcheuse la disposition qui met les frères et sœurs en concours avec le père et la mère. Il y a d'abord à nos yeux une injustice, puisque l'ascendant et le descendant se trouvent l'un à l'égard de l'autre dans une sorte de copropriété qui n'existe pas entre frères et sœurs. De plus, nous trouvons là une grave atteinte à l'autorité paternelle qu'il faut protéger par tous les moyens que permet la justice. Ceci est le résultat d'un de ces préjugés dont les rédacteurs du Code civil ne purent se défendre complétement après les graves erreurs de l'école révolutionnaire. La haine de toute autorité avait sapé la puissance paternelle. Les législateurs ne se rappelèrent pas toujours, que c'est dans la famille, en se soumettant au chef du foyer, qu'on apprend à obéir aux lois. Oui, nous croyons que le Code civil, œuvre si remarquable d'ailleurs, a relâché les liens de la puissance paternelle et, ce qu'il y a de plus déplorable, en blessant la justice. Les frères et sœurs ne devraient être, comme semble même l'indiquer la rubrique de la section V, que les premiers des collatéraux.

Dans chacune des quatre classes précitées, l'héritier le plus proche en degré exclut le plus éloigné, et les héritiers qui sont au même degré succèdent par tête. La proximité de degré est, ou réelle, ou fictive, par suite du droit de représentation, car le Code civil admet la représentation, fiction conforme à la loi naturelle qui, dans le père et le fils, ne voit, quant à la propriété héréditaire, qu'une seule personne. Le Code civil admet la représentation à l'infini, mais seulement dans les deux premières classes d'héritiers (1), c'est-à-dire en faveur des descendants du défunt et en faveur des descendants de ses frères et sœurs. Nécessaire dans la ligue directe et sanctionnée par là loi philosophique, la représentation dans les trois autres ordres ne repose plus que sur une présomption d'affection de la part du défunt, et il faut féliciter le Code civil de ne l'avoir pas étendue davantage. Le désir inconsidéré d'entraîner quand même le morcellement du sol avait poussé les rédacteurs de la loi du 17 nivôse à de fâcheuses exagérations.

Le Code emprunte à la loi de nivôse une règle spéciale pour la troisième et la quatrième classe d'héritiers. Le patrimoine du défunt se divise en deux parties égales et forme, pour ainsi dire, deux successions, dont l'une est attribuée aux parents paternels, l'autre aux parents maternels (2). Or, ce fut une inspiration malheureuse que celle qui porta la loi de nivôse à remplacer le système des propres par la division entre les deux lignes; non que ce dernier mode ne soit préférable, mais parce qu'on avait à faire beaucoup mieux encore. Pourquoi ne pas suivre le système de Justinien si simple et si juste?

(1) Art. 740 et 742.
(2) Art. 746 à 755.

Quoi ! une mère, pauvre veuve, voit un collatéral au onzième, au douzième degré, venir partager avec elle le patrimoine de son malheureux fils ! Les législateurs ne se sont-ils donc pas souvenu que la copropriété qui existe entre les auteurs et les enfants les établit comme seuls héritiers les uns des autres ? Mais on sacrifiait alors assez légèrement les droits de la paternité, nous l'avons déjà dit, et avec ces leçons indirectes on apprenait aux générations suivantes à en faire un cas médiocre. Que les démocraties seraient plus fortes si elles ne goûtaient jamais au despotisme ! Elle a bien un autre inconvénient, cette division entre les deux lignes ; outre qu'elle viole le droit sacré et raisonnable de la nature, elle manque presque toujours au respect que la loi doit conserver pour les affections du défunt. Presque toujours, dans les deux familles auxquelles on tient, on préfère celle où se trouve un parent plus proche, plus connu, plus aimé. Il n'est pas jusqu'au frère germain qui n'inspire une affection plus vive que celle qu'on éprouve pour un utérin ou un consanguin. Encore une fois, pourquoi le Code n'a-t-il pas suivi le régime des Novelles et s'est-il effrayé de ce qu'on a improprement appelé privilége de double lien. Les législateurs marchant avec incertitude, craignant de se prononcer entre deux partis opposés, au lieu de choisir ce qui était le plus convenable, se sont réduits à arranger une transaction qui n'a satisfait personne.

A défaut d'héritiers réguliers, à qui le Code civil défère-t-il les biens délaissés par un défunt ? Il appelle des successeurs irréguliers, savoir : 1° d'abord les parents naturels du défunt ; 2° à leur défaut, son conjoint ; 3° enfin l'État (1).

La loi déclare que l'enfant naturel n'est point héritier (2). Il est bien vrai qu'en dehors de l'application des lois pénales, toutes les législations de l'univers ne pourraient sans iniquité enlever à un enfant la qualité d'héritier de son père. Oui, à moins qu'on ne m'enseigne le moyen d'avoir des hommes sans qu'ils possèdent un père et une mère, je défie qu'on efface du front de l'enfant ce caractère indélébile de successeur. Mais par une nécessité supérieure à toutes les combinaisons, les sociétés civilisées ne reconnaissent la filiation que quand elle prend sa source au mariage. Partout ailleurs, il n'y aura au fond que présomption plus ou moins forte sur la question de filiation ; elle pourra lier le père ou la mère, mais elle ne devra point nuire même aux enfants que l'un ou l'autre viendrait à avoir d'un mariage postérieur ; le Code civil a indirectement reconnu cette vérité morale dans l'article 337.

Sur ces données, nous voudrions que la loi, au lieu des diverses portions que par l'article 757 elle accorde aux enfants naturels selon les divers cas, ou plutôt tout en maintenant certaines distinctions, réglât leurs droits successoraux de telle sorte que ces droits ne dépassassent jamais la quotité dont le père défunt pouvait disposer.

(1) Art. 756 à 773.
(2) Art. 756.

Au surplus, on a justement reproché à notre loi successorale de n'avoir déterminé la position des enfants naturels que d'une manière très incomplète, à preuve la difficile interprétation de l'article 757.

Lorsque le défunt ne laisse ni parents au degré successible, ni enfants naturels, les biens de la succession appartiennent au conjoint non divorcé qui lui survit (1).

Quel étonnement n'éprouve-t-on pas en lisant pour la première fois cette disposition ! Ainsi sur cette échelle descendante où la loi place les affections humaines, voilà une des plus vives inscrite au dernier rang ! Un conjoint habitué à l'opulence commune, va tout-à-coup, par la mort de la personne qui lui était unie, tomber dans la misère ! Cette situation est surtout fâcheuse pour la femme. Dans aucune législation, méritant de porter ce nom, elle n'est, sous le rapport en question, aussi maltraitée que chez nous ; le droit du Coran et la loi Russe l'admettent au nombre des héritiers ; pour n'en pas venir là et ne point attaquer leur organisation de famille, les Codes Sarde et Badois accordent à la femme une certaine part d'usufruit. Tel était, dans notre législation ancienne, le but du douaire. Les avantages qui résultent pour le conjoint pauvre du régime de communauté ne compensent point suffisamment le fâcheux effet de la disposition successorale ; dans la pratique on y remédie en usant largement de la faculté laissée

(1) Art. 767.

aux époux de se faire des libéralités ; mais peut-être y a-t-il là , de part ou d'autre , la cause d'une dépendance dangereuse. Et puis, qu'est-ce que cette diposition générale à laquelle on fait une perpétuelle exception ? Le principe est ébréché ; nous y verrons toujours un grand mal.

Reste à dire un mot de la succession déférée à l'État à défaut de conjoint survivant (1).

S'il hérite , il ne faut pas voir en cela plus que dans l'impôt de succession la preuve d'un droit originaire préexistant sur la propriété. La succession sans héritiers, n'est plus qu'une épave , comme dit M. Troplong , une chose abandonnée qui ne trouve pas de maître et appartient au fisc. C'est une indemnité accordée à l'État pour les charges de la justice et de la police publiques.

Qu'on nous permette , à propos de ces successions irrégulières , une réflexion générale. Nous voudrions qu'au profit de l'enfant naturel, du conjoint, de l'Etat , on réduisît les droits des collatéraux. Ils succèdent jusqu'au douzième degré. Bien ! Mais quelles relations a-t-on dans la vie habituelle avec des parents aux neuvième , huitième degrés seulement? La plupart du temps on ne se connaît point; à peine si des cousins issus de germains se rappellent une parenté déjà tellement affaiblie. Ne touchez pas aux droits héréditaires des descendants , des ascendants , ni des proches collatéraux ; ces droits sont la base de la famille , de même que la cause de la conservation et de

(1) Art. 723 et 768.

l'amélioration du fonds productif. Mais qu'importe à la société qu'un collatéral du onzième ou du douzième degré hérite ! Vous blessez ici les droits de cet enfant reconnu par le défunt ; les droits de ce conjoint qui fut en communauté avec sa vie, ses peines et ses plaisirs. Enfin vous nuisez sans raison de justice aux intérêts de l'État. Supposez la succession collatérale s'arrêtant au sixième degré ; la société appelée ainsi chaque année à recevoir des biens territoriaux en assez grande quantité, serait forcée de les vendre. Si, comme nous le verrons plus tard, la division de la propriété semble malheureusement s'arrêter un peu, ces aliénations par lots peu étendus la ranimerait sans cesse. A la fois, cette nouvelle ressource permettrait à un gouvernement de diminuer les impôts les plus onéreux pour les classes pauvres. Nous avons sous les yeux les chiffres d'une statistique officielle publiée au Moniteur en 1837. Pendant cette année, les collatéraux ont reçu, par succession, des biens dont la valeur générale s'est élevée à 379 millions de francs. En supposant que les deux tiers de cette somme revinssent aux six premiers degrés des collatéraux, l'état aurait reçu 93 millions, tandis qu'il ne lui est revenu que 16 millions, à raison de 5 à 8 francs p. 0/0, sur les immeubles, et de 2 fr. 50 c., à 6 fr., sur les biens meubles.

Le Code civil n'admettait les étrangers à succéder en France que dans les cas et de la manière dont un français succédait dans le pays de cet étranger. Pour attirer les étrangers et donner l'exemple de la générosité politique,

la loi du 14 juillet 1819 a abrogé la règle de réciprocité
de l'article 726, et s'est contentée de laisser cette réciprocité exister de personne à personne pour les successions
particulières.

On vient de voir, en quelques mots, suivant quel ordre
le Code civil fixe la transmission héréditaire lorsqu'un
homme en mourant n'a point manifesté de volonté à ce
sujet. Il y aurait bien certaines dispositions à changer ;
cependant l'esprit général n'est pas douteux et se conforme aux données du droit philosophique. Mais la règle
essentielle, dominante dans nos lois successorales, celle
qui en présente l'idée sous une glorieuse formule, c'est
que tous les héritiers au même degré, réellement ou
par représentation, partagent par portion égale, sans
distinction de sexe ni de primogéniture (1). Pour qu'on
ne puisse point éluder la loi sacrée qu'il consacre, le Code
prohibe toute convention sur une succession future (2).
Ainsi se trouve particulièrement abolie la renonciation
qu'autrefois, dans les pays coutumiers, on exigeait des
filles à l'époque de leur établissement. Ces stipulations
sur une succession à venir ne peuvent être que des actes
arrachés à la faiblesse qu'il fallait protéger, ou des précautions d'une avidité coupable qu'il fallait prévenir.
Dans ce dernier cas et alors même que les stipulations
sur une hérédité future n'auraient pas pour objet de rompre l'égalité des partages, elles supposent chez leurs

(1) Voir art. 815 à 892, *Du partage et des rapports.*
(2) Art. 791, 1130 et 1389.

auteurs autant le désir que la prévoyance trop active de la mort du parent auquel ils espèrent succéder. Déjà la loi romaine avait flétri ces manifestations indécentes (1) que Cujas appelle *stipulationes coracinas*. Cependant, encore une fois, c'est surtout dans l'intérêt de l'égalité que le Code a prescrit sinon les conventions, au moins les renonciations relatives à une succession future.

L'égalité des partages! Voilà l'expression saine et féconde de la justice ; voilà le plus efficace moyen de resserrer et de multiplier les liens de famille qui forment la plus sûre garantie de la tranquillité des individus et du bonheur public. Pourquoi le Code civil n'est-il pas toujours resté fidèle à cette grande idée!... L'égalité des partages avait été proclamée par la loi du 8 avril 1791, sur les conclusions d'un discours posthume de Mirabeau ; maintenant elle forme un des points sacrés et fondamentaux de nos institutions. Ainsi la pensée de Mirabeau n'est pas restée stérile. La fleur passe et rend doucement ses feuilles à la terre ; mais on conserve l'essence de ses odeurs ; de même après la mort d'un homme, s'il a fait de belles actions, elles lui survivent, elles le rappellent sans cesse à notre souvenir ; on dirait que sa voix se fait entendre encore, et que sa grande âme ne s'est point envolée.

Nous croyons avoir indiqué l'esprit général du Code civil, dans ses dispositions spécialement relatives aux successions *ab intestat*. En ce qui concerne les testa-

(1) Cod. *lib.* 2, 1. 30, *de pactis*.

ments, les législateurs devaient obéir à deux principes entre eux conciliés. En premier lieu, il fallait laisser au testateur une liberté complète dans le choix de celui à qui il voudrait faire une libéralité ; en second lieu, il y avait nécessité cependant de n'autoriser cette liberté, qu'autant que le testateur commencerait lui-même par respecter les droits des héritiers que la Providence lui aurait donnés.

La première de ces règles nous semble parfaitement observée par le Code. En dehors des nécessités morales de la loi naturelle, aucune entrave n'est plus mise à l'exercice complet du droit de tester. A la vérité, contrairement à ce qui se faisait en droit romain, la loi française ne reconnaît pas d'institution d'héritier ; le testateur ne peut donner à un individu que la qualité de légataire. Mais nous ne reconnaissons point là le caractère d'un empiètement sur la faculté naturelle de tester. D'abord, quant au fond, la transmission demeure parfaitement intacte ; pour ce qui touche à la forme, nous ne voyons là qu'une heureuse tendance de la loi, qui, sans restreindre en rien l'exercice du droit de tester, semble seulement, comme nous l'avons remarqué déjà, donner au citoyen cet avertissement perpétuel, qu'il est bon, moral de chercher les affections dans le sein de la famille.

Le Code civil ne nous semble pas aussi heureux dans la manière dont il a réglé les droits de certains héritiers en présence du testament de leur auteur.

Certains liens de parenté peuvent réserver à des personnes un droit inviolable sur partie de l'hérédité d'une autre. On sait que dans notre opinion, les rapports de filiation et de paternité peuvent seuls produire un droit de réserve. Ainsi ont pensé les législateurs de 1804. La loi n'accorde nominativement de réserve qu'aux ascendants et aux descendants légitimes ; parmi ces derniers néanmoins la doctrine et la jurisprudence comprennent les enfants légitimés et adoptifs. Enfin la combinaison des articles 757 et 761, porte un grand nombre d'interprètes à croire que le Code reconnaît implicitement une réserve aux enfants naturels reconnus : mais il est impossible de rendre les textes assez élastiques pour accorder au père ou à la mère d'un enfant naturel reconnu une réserve sur l'hérédité de ce dernier. Les différentes réserves ou, si l'on veut, les différentes quotités disponibles, sont réglées, pour les différents cas, par les articles 913 à 916, combinés avec l'article 757.

Eh bien ! d'abord il faut blâmer le Code de n'avoir point octroyé de réserve aux père et mère sur la succession de leur enfant naturel reconnu, ainsi que de ne s'être point nettement prononcé quant à la réserve de l'enfant naturel reconnu lui-même sur la succession de son père ou de sa mère. En admettant, ce qui est nécessaire, que dans l'intérêt de la sainteté du mariage, du salut de la société, on ne doive pas permettre aux parents naturels même en ligne directe de venir prendre sur les droits des parents légitimes, ne faut-il point reconnaître que vis-à-vis de son père, l'enfant naturel reconnu a des droits aussi ? Que ces droits ne puissent s'exercer que sur la quotité disponible, j'y consens; mais au moins que la loi les consacre avec netteté, précision, sans amphibologie. Par réciprocité, les père et mère d'un enfant naturel reconnu se trouvent aussi appelés pour partie à la succession ; que cela soit enfin déclaré et consacré. On n'éteint pas un incendie avec des fascines embrasées; on ne détruit point l'immoralité avec des lois injustes.

Quelque prudence que montre le Code civil, alors qu'il arrive à indiquer les réserves des parents légitimes dans les différents cas, cependant là, non plus, son œuvre n'est point irréprochable. Aux termes de la loi naturelle, les enfants et les ascendants possèdent un droit de réserve sur leurs successions respectives, par le motif qu'entre le descendant et son auteur, il y a une copropriété de patrimoine ; et comme il n'existe point de raison pour faire à l'un ou à l'autre des parts inégales, chacun est censé avoir sur le patrimoine commun droit à une égale portion. Les législateurs de 1804 ont suivi ce système pour le cas où il existe un, ou deux, ou trois enfants; le père alors prenant une part égale à celle de ses enfants, un enfant unique a la moitié de la succession en réserve; deux enfants reçoivent les deux tiers, trois enfants les trois quarts ; mais soudain la loi change de marche : leur nombre vient-il à s'accroître, ils ne reçoivent point une plus forte réserve. Ainsi, entre le père et les enfants, l'égalité se trouve rompue, et il faudrait pour la rétablir que le père ne pût jamais disposer que d'une part d'en-

fant. Nous appelons de tous nos vœux une réforme
législative sur ce point. Au surplus, il ne faudrait pas
voir dans l'article 913 un désir de fortifier et de grandir
l'autorité paternelle. Le livre Ier du Code démontre à
l'évidence qu'en 1804 le vent des idées ne soufflait point
de ce côté ; on se laissait encore aller, sans le savoir,
aux doctrines de 93 qui naguère, en haine du patriar-
chat héréditaire dans les familles nobles, avaient intro-
duit au foyer paternel une dissolvante liberté.

Ce qui prouve la vérité de cette observation, c'est que
les législateurs de 1804 mirent encore moins de justice
dans la manière dont ils réglèrent la réserve des ascendants sur la succession de leurs descendants. Lisez
l'article 915 ; vous y verrez que cette mère veuve, contre
le testament de laquelle son fils a une réserve de moitié,
n'obtient qu'une réserve du quart contre le testament de
son fils. On dit qu'il existe pour cela une raison économique, la tendance à ne point laisser tomber les fortunes
dans des mains affaiblies par l'âge ! Telle n'a point été la
pensée des rédacteurs du Code civil ; ils se plaçaient
dans des régions trop élevées pour que les lois morales
leur fussent cachées par la considération d'intérêts
importants, sans doute, mais tout matériels.

Si les rédacteurs du Code, en votant le titre des testaments, décrétèrent certaines dispositions peu justes, ce
fut par exagération d'un grand et admirable principe : celui qui proclame le respect dû à la dernière volonté de l'homme relativement à ses biens. L'histoire
montrait les gouvernements aristocratiques enchaînant

le désir du testateur ; la tourmente révolutionnaire de 93 , autre despotisme , avait amené les mêmes restrictions, quoique dans un but opposé. En 1804, on voulut décréter enfin la liberté des dispositions testamentaires ; mais on tomba dans l'excès. Il est rare que nous touchions précisément au but ; souvent les plus habiles restent en deçà, souvent ils le dépassent.

Ce n'est pas seulement au point de vue de la justice que le Code civil laisse aux testaments une liberté excessive. Il semble qu'il y aurait aussi à réclamer contre cette liberté, en faveur de l'esprit de famille et peut-être au nom du principe de morcellement admis dans l'ensemble de notre loi de succession. Nous voulons parler de la disposition inscrite à l'article 919.

En restreignant à l'égard du père la faculté laissée aux citoyens pour leurs testaments , le Code manifestait l'intention d'éviter qu'on ne restaurât, par acte de dernière volonté , le droit d'aînesse désormais banni des successions *ab intestat*. Mais faisait-il assez pour atteindre son but ? S'écartant des coutumes dites d'*égalité* et de la loi de nivôse qui, par ses articles 9 et 16, avait établi une incompatibilité absolue entre la qualité de successible et celle de donataire ou de légataire, les législateurs de l'an IV adoptèrent l'article 5 de la loi du 4 germinal an VIII et permirent de disposer en faveur de tout successible , soit en ligne directe , soit en ligne collatérale , de la même quotité de biens dont on aurait pu disposer en faveur d'un étranger. De plus cette quotité disponible peut ne pas être sujette au rapport par le donataire ou le

légataire venant à la succession, pourvu que la disposition ait été faite expressément à titre de préciput ou
hors part (1). Ainsi l'obligation du rapport ne repose
en définitive que sur la volonté du disposant.

Le rapport établi dans la vue de l'équité des partages est, en général, soit la défense faite aux héritiers
légataires de réclamer les objets à eux légués, soit l'o-
bligation imposée aux héritiers donataires de remettre
en commun les objets à eux donnés.

Or, si nous avons blâmé la loi de nivôse d'avoir
défendu de tester de la disponible en ligne collatérale,
parce que là il n'y a à craindre aucun abus, des considérations contraires nous portent à blâmer vivement
la faculté de donner en ligne directe et à un seul héritier toute la disponible.

Sans nul doute, il est bon pour l'autorité et la dignité
d'un père, que la loi lui permette de manifester à ses
enfants sa reconnaissance, d'encourager la bonne conduite, et d'atténuer un peu parfois des inégalités naturelles affligeantes, entre ceux qu'il voudrait rendre également heureux. A coup sûr, le père, excellent appréciateur de la position de chacun de ses enfants, de leur
aptitude, saurait parfois leur distribuer sa fortune
d'une manière très avantageuse pour eux et pour la
société. Le testament tient à ce qu'il y a de plus élevé
chez l'homme ; il faut bien reconnaître aussi que l'autorité du père de famille forme l'élément essentiel de

(1) Art. 919.

6*

la vie des peuples, que par la douce et salutaire
dépendance de l'autorité paternelle, les enfants s'habi-
tuent à la soumission aux lois, et on ne fera jamais un
bon citoyen d'un fils dénaturé (1).

Mais gardons-nous de tomber dans les extrèmes. Ce
n'est pas sur l'intérèt que doit reposer la force de cette
magistrature sublime. Que le père ne soit pas privé du
droit de tester devant ses enfants; mais qu'il ne puisse
laisser en témoignage de gratitude qu'une faible partie
de sa disponible.

Sans doute, il faut bien reconnaître qu'en général,
lorsqu'on fait un acte de préférence, on songe seulement à réparer les inégalités naturelles qui pourraient
exister entre ses enfants. Mais ces derniers n'éprouvent-
ils pas quelquefois de leurs parents une désaffection
imméritée ? Ne voit-on pas des pères abuser du pouvoir
que la loi leur met dans la main ? Oui, il en est auxquels la
nature n'a pas donné un cœur pour tous les enfants. Comment tiendrait-il compte alors des convenances morales
celui qui, pour satisfaire une colère, une susceptibilité
parfois sans cause, oublie le plus doux des instincts ?

Souvent même le choix du testateur ne sera pas l'expression de ses sentiments raisonnables et habituels;
mais il donnera en dépit de ses affections, contrairement à ses convictions les plus arrêtées. L'intelligence d'un homme bien des fois chancelle aux derniers moments de la vie : « n'avons-nous pas vu,

(1) Tissot, *Du morcellement du sol.*

s'écriait Mirabeau dans le discours qu'on lut à la Constituante, « n'avons-nous pas vu une foule de ces testa-
» ments où respire tantôt l'orgueil, tantôt la vengeance ;
» ici un injuste éloignement, là une prédilection aveu-
» gle. La loi casse les testaments appelés *ab irato* ; mais
» tous ces testaments qu'on pourrait appeler *a decepto* ,
» *a moroso* , *ab imbecilli* , *a superbo* , la loi ne les casse
» point , ne peut les casser. Combien de ces actes
» signifiés aux vivants par les morts , où la folie semble
» le disputer à la passion ! Que souvent le testateur fait
» telles dispositions de sa fortune , qu'il n'eût osé de
» son vivant en faire la confidence à personne, des
» dispositions telles , en un mot , qu'il a eu besoin pour
» se les permettre de se détacher entièrement de sa
» mémoire, et de penser que le tombeau serait son
» abri contre le ridicule et les reproches ! »

Mais il faut , dit-on , laisser aux parents les moyens
de punir. — L'enfant qui se conduit mal envers ses
parents manque à ses devoirs moraux à leur égard, mais
sans contracter aucune obligation qui puisse lui faire
perdre des droits naturels , si par hasard , ils lui étaient
acquis. Souvent il pourrait reprocher à ses père et mère
sa mauvaise conduite. Enfin un généreux oubli ne ramè-
nerait-il pas le malheureux au bien , plutôt que cette
vengeance , dernière pensée d'un père à l'agonie , plutôt
que cette amertume répandue par sa main mourante sur
toute la vie d'un enfant ?

En vain , on donne pour raison la prévoyance qu'un
fils dissipera promptement tout son patrimoine, tandis

qu'un autre, homme d'ordre et de soin, pourrait,
étant avantagé de la disponible, conserver, augmenter
l'héritage paternel et se trouverait ainsi à même de se-
courir son frère. Il ne le ferait pas, ou le ferait seulement à demi. Hélas ! Le malheureux dissipateur n'a-t-il
pas assez de son infortune et, sous prétexte d'une
prévoyance dont il ne profite pas, faut-il, comme tout à
l'heure sous prétexte de châtiment, semer dans ce cœur,
généreux peut-être, les germes d'une haine impla-
cable ?

Si le père n'avait pas le droit d'avantager un de ses
enfants, il ne songerait point à en préférer un à tous les
autres. Plaignant ceux qui ne répondraient point à ses
efforts, il se souviendrait qu'il ne doit pas les ramener
par la crainte seule, et il frémirait de jeter dans leur
cœur un souvenir de dureté. Au contraire, il ne voudrait leur laisser en mémoire que sa bonté, sa douceur,
sa justice ; ainsi, les enfants garderaient la boussole
du cœur ; la pensée d'un père, d'une mère, les rendrait
meilleurs et les ferait songer à Dieu.

Avec notre loi qui permet de dispenser du rapport,
la piété filiale peut se transformer en crainte ; les démonstrations mensongères remplacent souvent l'amitié
véritable. Les plus doux sentiments prennent quelque
chose de l'intérêt, de la nécessité. Alors, le noble cœur,
sentant la possibilité qu'on le soupçonne de fausseté,
s'abstient de démonstrations qui, dans toute autre hypothèse, seraient un devoir. L'hypocrisie s'empare de la
position abandonnée et corrompt le cœur paternel en

l'égarant. Cependant est-il heureux, ce maître qui tient
en ses mains les faveurs ? Cet homme qui, souvent pour
un vain motif, songe à distinguer là où n'a pas dis-
tingué la nature ? C'est merveille si de temps en temps,
dans les caresses de son fils préféré, il ne voit point
du calcul et ne s'écrie pas comme le royal prisonnier
de Plessis :

« ..... Il me trompe, peut-être ? »

Il y a plus. Le père qui, avec la permission de nos lois,
songe à constituer un privilége du disponible, se laisse
aller aussitôt à des préférences, et règle son affection et le
soin de ses enfants sur le sort réservé à chacun. Le fils
chéri voit ainsi germer pour lui les fruits d'une éducation
brillante, tandis que celle de ses frères et sœurs se
ressent de l'obscurité qu'on leur prépare. Or, s'il n'y
a, en général, d'amitié possible qu'entre égaux ; combien ce fait ne doit-il pas se produire encore plus constamment entre personnes qui ont tant et de si fortes
raisons de se considérer comme placés sur la même ligne !
Soit pendant la vie, soit après la mort des parents, ce
ne sera qu'avec l'égalité complète des partages que les
enfants d'une même famille seront véritablement des
frères.

Soit, ajoute-t-on ; votre raisonnement ne manquera
pas de justesse lorsqu'il s'agira de pays aristocratiques
où les pères seraient enclins à caresser leurs préjugés
et à satisfaire leur propre orgueil. Mais, chez une na-

tion démocratique, les idées, les mœurs, l'esprit public, commanderont presque toujours au testateur une répartition équitable de son patrimoine entre tous ses descendants. — Cette remarque a un certain fondement. Mais alors les démocraties offrent cet inconvénient étranger aux patriciats, que les enfants tiendront moins à la maison paternelle. Dans les contrées de noblesse, les mœurs qui tuent l'émulation, prêchent le désœuvrement et l'indolence ; la nécessité d'obtenir une fonction publique par la protection, l'influence et l'appui du père ; tout cela retient les enfants sous le toit des aïeux. Chez les démocraties, chacun est pressé de prendre sa place dans les rangs de la fortune ; il règne chez les esprits une indépendance, une individualité extrêmes. Faites que les enfants aient besoin d'en appeler davantage à leur travail pour mieux assurer leur avenir, et vous risquerez beaucoup de les voir s'écarter souvent de la maison paternelle. C'est le spectacle que présentent certaines provinces des Etats-Unis, où la liberté absolue laissée au père dans la distribution de ses biens, affaiblit considérablement la dépendance filiale, et créera peut-être pour ces provinces, quand elles seront plus peuplées, un fort dangereux dissolvant.

Nous regrettons que le principe fâcheux de l'article 919 reçoive une nouvelle confirmation dans une autre partie de la loi. Tout en adoptant le principe de la liberté de la terre, les rédacteurs du Code civil écrivirent les articles 1048 et 1049 qui autorisent, d'un côté, les père et mère à faire au profit d'un ou de plusieurs de leurs enfants, et d'un autre côté, les frères et sœurs qui décèdent sans enfants, à faire au profit d'un ou de plusieurs de leurs frères et sœurs, des donations ou des legs, avec la charge de conserver les biens donnés ou légués, pour les rendre aux enfants nés ou à naître et au premier degré seulement (1).

Quoique la loi ne donne pas à ces dispositions le nom de substitutions, elles revêtent bien les principaux caractères de ce genre de libéralités. Cependant, bornées au premier degré, ne pouvant être faites qu'au profit de tous les enfants du grevé, en elles-mêmes, on peut le dire, elles possèdent le bon côté des substitutions anciennes sans en présenter les inconvénients ; mais très convenables, lorsqu'elles ont pour objet de gratifier des collatéraux envers lesquels, en définitive, on n'est pas obligé, ces libéralités ne devraient point être permises aux père et mère, puisqu'elles ne font que leur offrir l'occasion d'injustes préférences.

Au surplus, comme si le mal devait toujours devenir fécond, on est depuis 1804 parti de l'article 1048 du Code civil pour porter plusieurs atteintes considérables au système de la liberté du sol.

En rétablissant les titres héréditaires, Napoléon avait à la fois rétabli l'usage des majorats, c'est-à-dire des substitutions perpétuelles destinées à former la dota-

(1) Art. 1048 à 1074.

tion de ces titres (1). Les majorats pouvaient être créés par le chef de l'Etat, ou, avec son autorisation, par des chefs de famille. Ils pouvaient avoir pour objet , soit des immeubles , soit des rentes sur le trésor ou des actions de la banque de France régulièrement immobilisées. On sait que les biens composant un majorat ne pouvaient être aliénés ni échangés qu'avec autorisation du gouvernement. Imprescriptibles , repoussant toutes charges et hypothèques, ils passaient à la descendance légitime , naturelle ou adoptive du titulaire, de mâle en mâle et par ordre de primogéniture (2).

Le rétablissement des majorats venait encourager les amis des vieux systèmes. Après avoir , lors de la révision du Code en 1817 , inséré le troisième alinéa de l'article 896 , on songea à développer l'exception. La réaction politique de 1826 et le désir de fortifier le principe monarchique, donnèrent l'idée d'un système de substitutions qui , conçu dans un esprit bien différent de celui qui avait présidé à la rédaction du Code , rétablit à peu près dans toutes ses dispositions l'ancien droit sur cette matière, l'ordonnance de 1560. Tel fut le but de la loi du 17 mai 1826.

Une loi du 12 mai 1835 interdit toute institution de majorats pour l'avenir en laissant cependant subsister ceux existants.

La tempête de février a emporté enfin ces institutions

(1) Voir les décrets des 30 mars 1806, 1er mars 1808 et 22 décembre 1812.
(2) Art. 47 cbn. , art. 35 du décret du 1er mars 1808.

qui n'avaient pu prendre racine dans un sol mortel
pour les priviléges. Le 6 janvier 1849, M. Valette fit
à l'assemblée nationale un rapport au nom du comité de
législation civile et criminelle, sur une proposition de
de M. Parieu, relative aux majorats et aux substitutions.

Une loi sur cette matière fut votée le 11 mai 1849.
Elle a renvoyé au passé ces vieilles traditions qui figu-
raient dans nos lois comme ferait une partie d'armure
féodale pendue au ceinturon d'un jeune soldat. Quant
aux majorats, se trouve abolie la loi du 12 mai 1835,
loi insuffisante au point de vue de la politique et du
crédit; en même temps, une disposition nouvelle prend
vigueur, qui doit incessamment amener leur extinction.
En ce qui concerne les substitutions, on s'est contenté
d'abroger la loi du 12 mai 1826. Espérons que bientôt
on fera mieux.

Ici s'arrêtent les critiques que nous avons cru devoir adresser à la législation successorale du Code civil.
Dans les autres dispositions par lesquelles il complète
son système, il parvient beaucoup plus heureusement
à concilier la liberté légitime des testateurs avec le
maintien de l'esprit de famille et le principe de morcellement des héritages.

Les partages faits par les père, mère ou autres ascendants (1) offrent ce grand avantage que, de leur
vivant, les donateurs n'osent pas exciter les méconten-

(1) Art. 1075 à 1080.

tements pour des inégalités. De plus , on a pensé qu'il resterait souvent et surtout à ceux qui ont peu de fortune , comme à ceux qui possèdent des biens dont le partage ne serait pas facile, de vives inquiétudes sur les querelles qui peuvent s'élever entre leurs enfants. Ils pourront donc régler eux-mêmes la situation de leurs héritiers.

L'institution contractuelle (1), débarrassée de tout élément aristocratique, favorise la formation des alliances qu'une bonne loi doit toujours autant que possible encourager. Aussi en cette matière n'a-t-on pas cru, et avec juste raison, devoir assujettir les parents donateurs aux règles qui distinguent d'une manière absolue les donations entre-vifs et les testaments.

De peur de voir se reformer dans une proportion trop considérable les propriétés de main morte , le Code civil déclare dans l'article 910, que les donations entre-vifs , et les legs faits en faveur , soit de corporations ou de communautés , d'ailleurs capables de recevoir , soit des pauvres d'une commune ou d'un établissement public, ne peuvent avoir leur effet qu'autant que l'acceptation en a été autorisée par le gouvernement. Cette règle s'applique non-seulement aux dispositions à titre gratuit faites dans la forme ordinaire , mais encore aux donations déguisées et aux dons manuels (2). Divers arrêtés et décrets avaient déterminé successivement

(1) Art. 1082 et 1083.
(2) M. Foucart, *Droit administratif*, t. III, 131.

le mode d'acceptation des libéralités dont nous parlions.
Mais pourquoi les ordonnances des 2 avril 1817, 13 mai
1825 ; pourquoi la loi du 18 juillet 1837, sur l'administration municipale, et la loi du 10 mai 1838, sur les
conseils généraux ; pourquoi encore une fois ces actes
interprétatifs ont-ils délégué le droit d'autorisation aux
administrations locales, au moins dans les hypothèses
qui se présentent le plus fréquemment ? Plus prévenues
dans leurs appréciations, ces administrations ne man-
queront guère de laisser accepter presque toujours.
Ainsi l'article 910 du Code civil ne tardera pas à devenir une lettre morte, monument inutile d'une sage disposition qui n'existe plus.

Voilà dans un aperçu général comment le Code civil
entend les lois successorales. Malgré quelques erreurs,
il suit presque toujours une voie largement démocratique, et là se trouve le secret de sa puissance.
Il cherche son point de mire dans l'équité, d'abord
en suivant à peu près, pour l'indication des héritiers, l'ordre de la nature, ensuite en poursuivant
le morcellement de la propriété, une répartition philanthropique des richesses ; car en tant qu'il ne dépasse pas
les limites du droit individuel, il y a justice de la part
du législateur à chercher le bonheur du plus grand
nombre possible de citoyens. Si nous avons insisté sur
certaines réformes désirables selon nous, c'est que dans
une matière aussi éminemment sociale, il n'est ni de
petites critiques, ni de petites améliorations.

Reste un côté de la question, le côté économique.

Nos lois successorales ont-elles réellement morcelé la propriété? Doit-on se féliciter de ce morcellement sous le rapport économique? Faut-il s'arrêter? Faut-il marcher encore?

CHAPITRE IV.

« On peut comparer la science à des régions coupées
» de plaines et de montagnes ; on avance à grands pas
» dans les premières ; mais quand on est parvenu au
»ı pied des secondes , on perd un temps infini à décou-
» vrir les sentiers et à franchir les sommets d'où l'on
» descend dans l'autre plaine » (1).

Il nous reste à étudier un point difficile , mais essentiel. En morale et en politique , on juge souvent moins
par le principe que par la conséquence. Bogoris, roi des
Bulgares , fut converti au VIIIᵉ siècle, par le tableau du
jugement dernier qu'avait peint le moine Méthodius.
Ainsi que pour Bogoris , chez presque tous les hommes
l'intérêt est le mobile des actions et des jugements.

Or, le régime successoral du Code civil a-t-il produit, en économie, des résultats utiles ou dangereux ?
Y a-t-il lieu de nous arrêter, ou bien au contraire de
marcher toujours en avant, certains que nous sommes

(1) Châteaubriand , *Génie du christianisme*.

dans une voie heureuse et que nous ne courons aucun péril ? Voilà le problème.

Déjà bien avant 89, plusieurs grands héritages avaient été divisés. La révolution économique, commencée aux Croisades , avait repris son cours depuis que la noblesse inoccupée et sans pouvoir politique se trouvait amenée à chercher la distraction dans les plaisirs. On vit cette même noblesse, à l'immortelle réunion du 4 août, concourir généreusement à l'abolition de ses propres priviléges.

Le gouvernement révolutionnaire allant plus loin fit rentrer dans le commerce les nombreuses propriétés grevées de substitutions , vendit les biens des communes à 110 mille particuliers ; mais il donna le déplorable exemple de la spoliation ; alors il divisa les biens ravis aux émigrés en 450 mille lots. Déjà 666 mille acquéreurs s'étaient partagé les terres du clergé et des corporations !...

Après dix ans vint le Code civil qui sur les ruines des vieux établissements historiques réédifia un régime de successions à l'image de la pensée moderne. Alors le phénomène de morcellement dirigé d'abord par des tendances iniques, prit une forme équitable et se régularisa.

« Par la liberté de la terre et de son propriétaire , voilà ce qui est arrivé. Le sol, dégagé du poids dès substitutions et des retraits seigneuriaux, est entré rapidement dans le mouvement des transactions civiles » (1).

---

(1) Troplong , *Prop. d'après le C. civ.*, p. 139.

En passant d'une main à d'autres, la terre perd tous les jours ce caractère patriarchal qu'elle a si longtemps revêtu pour devenir un simple instrument de production, une simple valeur mobilière, constamment échangeable. Le sol devient l'objet de ventes nombreuses, de spéculations considérables que l'immobilité de la propriété rendait autrefois impossibles. Les grandes terres chèrement acquises par les spéculateurs sont revendues en détail ; la bande noire aide à l'œuvre ; elle a acheté les châteaux pour les démolir et en vendre les ruines : on ne voit plus de tourelles que dans les albums de romances. Par cette inconstance de la propriété doit se réaliser un système d'actions déjà facile à prévoir et qui semble pouvoir combiner l'extrême division des fortunes avec les conditions de l'exploitation agricole, si, toutefois, cela n'existe pas déjà comme on le verra tout à l'heure.

D'autre part, la loi des partages soumettant les patrimoines à l'action perpétuelle du fractionnement successoral, répartit en un bien plus grand nombre de mains la richesse, soit immobilière, soit mobilière.

M. Troplong (1) regrette qu'une bonne statistique ne fasse pas connaître au juste combien il y a en France de familles propriétaires. Il évalue cependant à quatre millions huit cent mille les chefs de famille possédant des fonds et édifices, ce qui, en comptant quatre personnes par feu, donne à peu près vingt millions d'in-

---

(1) *Loc. cit.*, p. 142.

dividus attachés au sol. Suivant M. de la Farelle (1),
on compte en France environ cinq millions de propriétaires chefs de famille. M. Ch. Dupin va plus loin ;
selon ses calculs, la classe des individus non propriétaires ne compterait guère aujourd'hui chez nous que
six à sept millions d'individus, y compris les femmes
et les enfants. Mais cette dernière affirmation, à notre
avis moins que prouvée, ne semble pas d'accord avec
les résultats statistiques généralement admis (2).

Prenons quelques chiffres de détail. M. de Villèle, à
la Chambre des Pairs en 1826, donnait les calculs suivants (3) : de 1815 à 1825, le nombre des cotes au-
dessus de 1,000 fr. s'était réduit d'un tiers, celui des
cotes au-dessus de 500 fr. d'un quart, et d'un cin-
quième celui des cotes de 100 à 500 fr. d'impôt. Les
cotes au-dessous de 20 fr. s'étaient augmentées d'un
neuvième. Il faut bien remarquer que le même propriétaire peut posséder des terres placées dans divers arron-
dissements de perception ; mais néanmoins les cotes
indiquent avec assez d'exactitude la progression du
morcellement, puisque les causes qui en créent plus
qu'il n'y a de propriétaires existaient à toutes les
époques. Tandis qu'il n'y a en France que 8,000 chefs
de famille payant au moins 1,000 fr. de contributions,

(1) *Progrès social au profit des classes populaires*, t. II, p. 181.
(2) *Bien-être et concorde du peuple français*, p. 35.
(3) Léon Faucher, *État et tendance de la propriété en France* ; voir
la *Revue des deux mondes*, 1836.

480,000 payent 50 fr. et 3,900,000 payent 25 francs et au-dessous (1).

Cependant on doit bien avouer que la multiplicité progressive des parcelles territoriales, et celle des cotes foncières, ne prouvent pas que *relativement* le nombre des propriétaires se soit aussi extraordinairement augmenté. De 1815 à 1835 la statistique présente, il est vrai, une augmentation de cotes de 8 p. 0|0. Mais il faut remarquer que la population a aussi augmenté dans le même espace de 14 p. 0|0. En comparant ces chiffres, on verra que le nombre des propriétaires s'est proportionnellement affaibli comparativement à l'accroissement simultané de la population, et cela, d'autant plus, même, qu'un grand nombre d'établissements d'industrie se sont formés pendant cet intervalle de temps, lesquels établissements sont cependant cotés comme propriétés foncières (2).

Ce résultat nous semble fâcheux. Sans doute il est bon que par la constitution territoriale, il y ait dans un pays des propriétaires plus riches dont la position puisse rendre les exemples profitables ; mais surtout il faut que la petite propriété domine ; or, chez nous les petits propriétaires ne possèdent que la moitié du sol productif (3), résultat admirable sans doute, mais pas

(1) Troplong, *Loc. cit.*, p. 143.

(2) Ces chiffres sont tirés du travail de M. H. Passy, sur la division des héritages, *Mém. de l'acad. des sciences morales et politiques*, 1839, t. II, 2ᵐᵉ série, p. 183 et suiv.

(3) Rossi, *Cours d'écon. polit.*, t. II, p. 63.

encore assez prononcé. En définitive, la France comptait
en 1815 , cent propriétaires d'immeubles sur deux cent
quatre-vingt-neuf habitants ; elle n'en comptait plus en
1835 que cent sur trois cent cinq.

Mais peut-on pour cela accuser sévèrement nos lois
successorales? Non. Malgré leurs quelques défauts, l'inconvénient signalé tient surtout à d'autres causes. Nous
le disons bien haut et avec bonheur. Ces justes, mais
légères critiques atteignent peu notre système de successions si largement démocratique , source déjà d'une si
merveilleuse amélioration ; et , sauf à indiquer ci-après
les moyens de parer , principalement en dehors des
successions, au léger mouvement de concentration qui
se remarque dans la propriété , sauf à dire deux mots
sur certains abus incroyables, nous allons continuer
d'examiner les heureux effets de ces lois successorales
tant calomniées , tant méconnues.

Le petit mouvement de concentration qui depuis quelques années se manifestait dans la propriété territoriale
en France, n'empêche pas que, comme on l'a vu , grâce
à notre système presque parfait de successions, la division n'en soit très grande. Voilà incontestablement un
fait heureux ; sans doute la société n'existe qu'avec l'inégalité ; mais combien ne doit-on pas estimer une législation qui rend légitime pour chacun la pensée que lui
aussi , ou au moins ses enfants, pourront un jour s'as-
seoir au banquet de la richesse et de la considération !

Notre loi tend à donner aux fortunes un niveau
moyen et à faire passer la propriété foncière dans les

mains des travailleurs pacifiques. En rendant la propriété plus accessible, elle en fait une nécessité pour celui qui ne possède pas; rien pour cela que ce dernier ne tente par son labeur, et il arrive au but, car il désire. Le désir et l'espérance sont le génie; ils ont cette virilité qui enfante et cette soif qui ne s'éteint jamais. Comme disait Pythagore : la puissance habite auprès de la nécessité.

Ainsi, c'est au profit de l'élément démocratique que depuis la fin du dernier siècle s'est opéré ce travail immense de division et de distribution de richesses. Les habitants dépourvus de propriété, sont venus augmenter chaque jour le nombre de ces possesseurs d'un fonds, fruit légitime du travail, de l'ordre et de la sagesse; il s'est fait une diffusion naturelle de la fortune entre toutes les classes laborieuses. La petite culture a tellement stimulé l'industrie des paysans, qu'ils ont pu payer les terres, convenablement morcelées, un prix qui a effrayé les grands possesseurs de capitaux. Des sociétés de spéculateurs ont pu tout vendre par parcelles et morceler le sol comme 89 avait morcelé la société. « Il » y a beaucoup de départements, dit M. Troplong (1), » où les fermes disparaissent, et où ce sont les fermiers » qui achètent, possèdent désormais pour eux-mêmes » ce qu'ils possédaient auparavant pour autrui. Dans » ces contrées, quiconque ne cultive pas pour soi, ne » saurait trouver des fermiers qu'à des conditions si

_____

(1) *Loc. cit.*, p. 146 et 147.

7*

» désavantageuses , que la propriété, devient un fardeau
» ruineux. Que fait alors le propriétaire? Il vend sa
» ferme en détail , et les cultivateurs qui n'en voulaient
» pas à titre de bail , se précipitent en foule pour
» acheter le fonds à des prix élevés. Tout le monde y
» gagne ; le paysan, puisqu'il passe de l'état de fer-
» mier à celui de propriétaire ; le propriétaire , puis-
» qu'il retire de son fonds un capital considérable en
» argent. »

Dans les villes, même phénomène. Si on voulait
remonter à l'origine de la plupart des fortunes, on
verrait que la conquête personnelle des propriétaires
actuels y domine , et que , pour les autres , le titre le
plus ancien remonte tout au plus à la dernière génération. « Dans une ville comme Paris , près d'un quart
» des maisons ont pour propriétaires des hommes enri-
» chis par le petit commerce, la truelle, la lime et le
» rabot » (1). A ce premier quart de bâtiments, on
peut sans crainte en joindre deux autres possédés par
des manufacturiers tous ouvriers d'origine, ou des hommes exerçant des professions libérales et artisans de leur
fortune.

La statistique nous apprend que sur un million de
contrats de vente d'immeubles, en 1841 , cent soixante-
deux mille avaient pour prix de 600 à 1,200 fr., et que
sept cent mille avaient pour prix 600 fr. et au-dessous (2); on peut calculer que ces achats faits pour la

(1) *Droit*, 6 mai 1848 ; — voir Troplong, *Loc. cit.*, p. 145.
(2) Troplong , *Loc cit.*, p. 149.

plupart par des cultivateurs ou des ouvriers économes, représentent un prix total de plus de trois cent onze millions (1).

Le grand propriétaire avec des machines fait peut-être plus de bénéfices, parce que les machines tiennent lieu de bras (2); mais en supposant vrai ce fait très contestable, lui seul recueille les profits. Quelques hommes dirigent le jeu de ces instruments perfectionnés; le reste de la population cherche dans une industrie isolée une vie misérable et sèche de faim! Heureux le pays où les lois empêchent le contact funeste de l'extrême richesse et de l'extrême misère!

La loi des successions n'a pas moins divisé les capitaux que la fortune immobilière. Nous n'en voulons pour preuve que le nombre infini d'hommes qui ont jeté dans l'industrie nationale des capitaux faibles, il est vrai, mais origine de leur fortune ; nous en appellerons aussi à ces caisses d'épargnes, vraies banques de l'ouvrier et qui, instituées lentement, avec défiance depuis 1818, possédaient par dépôt, en 1845, plus de trois cent cinquante millions de francs. Ces dépôts s'accroissaient avec une rigueur presque mathématique de quarante millions par année! Ainsi avec notre constitution, la fortune se partage vite, mais elle s'accroît plus vite encore qu'elle ne se partage.

_____

(1) *Droit*, 6 mai 1848, article *de M. Championnière.*
(2) Nous démontrerons qu'on a exagéré l'importance des machines en agriculture.

Nous voyons se compléter tous les jours une de ces grandes révolutions, une de ces transformations sociales d'autant plus irrévocables et légitimes qu'elles se font d'elles-mêmes et comme par la puissance des mœurs.

A la vérité en appréciant ce phénomène de la division du sol, il ne faut pas en voir dans nos lois successorales la cause unique; la confiscation des biens du clergé et de la noblesse a contribué d'abord en partie à ce résultat dont en tant qu'il aurait une pareille origine, et malgré les indemnités partielles accordées aux anciens propriétaires, nous ne saurions féliciter notre pays. Mais ce sont les lois seules du Code civil qui ont perpétué le mouvement de division.

Les faits d'ailleurs nous prouvent que des systèmes de successions dépend la bonne ou la mauvaise répartition des richesses.

Dans l'antiquité, examinons seulement les effets produits à cet égard par les institutions romaines.

Lorsque Rome eut envahi la moitié de l'univers, les lois successorales faites par les patriciens produisirent leurs fruits; les propriétés s'agglomérèrent dans les mains d'un petit nombre. Au dernier siècle de la République, on ne comptait que deux mille citoyens possédant une fortune indépendante (1). Des particuliers vinrent à posséder des villes entières et Nicopolis appartenait à une dame romaine (2); on vit d'immenses domaines

(1) Cicéron, *Des offices*, ii, 22.
(2) S. Jérôme, *Comment. ad epist.*, *ad Tit.*, t. ix, p. 243,—Gibbon,

arrosés par tout un fleuve (1), d'autres peuples par six mille esclaves. Selon Aggenus, arpenteur au quatrième siècle, Néron fit tuer six individus qui, entre eux seuls, possédaient la moitié de l'Afrique romaine (2); Pline avait déjà noté le même fait (3). Il résulte d'une inscription latine découverte en 1824, près de Viterbe, qu'un aqueduc qui avait six milles en longueur, traversait seulement neuf propriétés (4). Tacite s'écriait alors : « On voit un homme posséder une nation ! » (5).

Dans l'aristocratique Angleterre, la vieille maxime coutumière, *nulle terre sans seigneur*, subsiste toujours, et la grande propriété, depuis la composition du livre d'or, n'a fait que prendre une immense extension. Plus tard, lors de la réformation, les biens du clergé vinrent s'adjoindre aux biens gagnés par la conquête. Enfin, à cette masse, on a réuni les biens communaux. La constitution de la propriété a tellement, en Angleterre, gardé le caractère féodal, qu'on y reconnaît encore que toutes les terres y relèvent du roi (6). Là, sur 28 millions d'habitants on compte 23 millions de prolétaires. Mais pas-

Loc. cit., t. vi, p. 17. — Troplong, *Préf. au contrat de louage*, p. ix à cxii.

(1) Senec., *Ep.*, 80.

(2) Tissot, *Loc. cit.*, p. 6.

(3) Pline, *Hist. nat.*, lib. xviii, c. 7.

(4) Tissot, *Loc. cit.*

(5) Tacite, *Ann.* lib. iii, c. 27. — Troplong, *Préf. au contrat de louage.*

(6) Voir Blackstone, *Comm. sur les lois angl.*, l. ii.

sons en revue les trois royaumes ; ceux qui prétendent
que la charité pourvoit aux inconvénients d'une immense inégalité des fortunes, trouveront peut-être une
réponse triste, mais sans réplique.

Dans l'Angleterre proprement dite, l'agriculture, magnifique sans doute, est devenue une spéculation chez
les grands propriétaires ; les bénéfices n'en appartiennent qu'au petit nombre et les autres se trouvent réduits
par la force des circonstances, soit à travailler pour le
plus minime salaire, soit à spéculer en second ou en
troisième ordre sur les fermages. Avec l'opulence de
leur pays, les Anglais en général sont pauvres : dans
un grand nombre de lieux, l'*income taxe* absorbe les
revenus les plus nets de beaucoup de propriétés. « Il
n'est pas rare de voir des terres abandonnées, pour se
soustraire à cet impôt qui devient de jour en jour plus
onéreux, et bientôt on fera sagement de n'acheter des
fonds situés sur certaines paroisses, que sous bénéfice
d'inventaire » (1). Un de nos plus savants jurisconsultes
examinant la question flétrit énergiquement « ces pré-
tendues réformes agronomiques par lesquelles la du-
chesse de Sutherland déposséda 15,000 paysans des
794,000 ares de terre dont ils étaient en possession
depuis un temps immémorial, les força d'abandonner
leurs antiques foyers et leurs villages qui furent démolis
et brûlés ; le tout afin de convertir leurs champs en pâ-

---

(1) Navílle, *De la charité légale.*

turages plus productifs et d'améliorer les races bovines
et les laines des troupeaux ! » (1). Cet exemple fut, après
1820, imité par plusieurs seigneurs. Ecoutons plutôt
encore un publiciste qu'on ne pourra accuser de partia-
lité, l'illustre Walter Scott : « C'est, dit-il, un châti-
» ment sensible pour ceux qui, par une avidité aussi
» coupable qu'imprévoyante, ont isolé le paysan du sol
» qu'il cultive. Il arrivera une époque où toute la rente
» de la terre sera hypothéquée aux pauvres. Une loi
» agraire sera ainsi établie de fait, et par la plus éton-
» nante et la plus inattendue des révolutions, les pro-
» létaires des campagnes seront en réalité en possession
» de la totalité des produits de ce sol, dans lequel on ne
» voulait leur laisser aucune part. Sous ce rapport, la
» France plus équitable que l'Angleterre a été aussi plus
» habile. Tandis que nos lois successorales favorisent,
» par une action continue, la concentration de la pro-
» priété foncière, les siennes, au contraire, tendent à
» la subdiviser de plus en plus » (2).

En Ecosse, des propriétaires ont des fortunes territoriales plus considérables que certains de nos départements.
Une très grande partie est convertie en pâturages ; quelques bergers suffisent ; les machines rendent inutiles une
foule de bras pour cultiver le reste. Les anciens colons,
descendants des premiers habitants du pays, devenant
inutiles et par là même dangereux, les seigneurs écos-

(1) Troplong, *Préf. au Traité du louage*, t. 1er, p. xxi.
(2) *Histoire de l'Angleterre*.

sais invoquent l'intervention du gouvernement pour
confiner les uns au bord de la mer et transporter vio-
lemment les autres dans les colonies (1).

Qui ne connaît la misère bien plus affreuse encore de
l'Irlande? L'Irlandais meurt (2) littéralement de faim et
de froid ; c'est à peine s'il a de quoi se couvrir avec les
haillons qu'on expédie par cargaison de Londres ; plus
souvent il doit rester presque nu dans sa cabane, bien
heureux s'il peut y partager la société d'animaux im-
mondes plus fortunés que lui (3). Le sort du paysan qui
cultive les possessions Anglaises de l'Inde n'est point
préférable (4).

Quelle situation différente nous offrent d'autres pays!
Dans le Nord et le Nord-Ouest de l'Union américaine, la
grande propriété n'existe pas, au moins comme classe.
Or, il n'y a pas à proprement parler de prolétaires,
quoiqu'on y trouve des journaliers et que les villes et
même les champs abondent de manœuvres dépourvus de
capitaux. Ce sont véritablement des apprentis, des
étrangers fort souvent, qui débutent chez l'artisan de la
ville, ou chez le cultivateur dans la campagne et qui deviennent à leur tour artisans et cultivateurs et souvent,

(1) Sismondi, *Études sur l'écon. polit.*, t. I, p. 204 à 228.
(2) G. de Beaumont, *De l'Irlande.*
(3) Non seulement en Irlande, mais dans toute la Grande-Bretagne,
la culture est placée sous la protection des lois les plus inhumaines. On
a bien, en 1842, modifié les lois de céréales, mais en maintenant le
principe mauvais de l'échelle variable.
(4) *Journal des Débats*, 12 août 1840.

de là, riches industriels, spéculateurs opulents. Là, le rapport du nombre des indigents au chiffre total de la population est de 1 à 97 (1). En Angleterre ce même rapport est de 1 à 3.

Dans la province belge du Luxembourg où l'on voit une grande division de la propriété, il y a un indigent sur soixante et un individus ; la Flandre orientale, bien plus riche que la précédente contrée, compte un indigent sur cinq personnes.

Il faut voir (2) à quelle indigence se trouve réduit le peuple des Etats Romains en présence des grandes fortunes. Près des trois quarts de la population dans la condition la plus misérable, vivent au jour la journée du pain de l'aumône; à Rome, dans les rues, sur les places, aux portes des églises, on entend cette triste supplication adressée par des mendiants déguenillés, au visage amaigri : « Du pain ! du pain ! Je meurs de faim ! » Et souvent ils ne mentent pas.

Si la terre d'un pays est possédée par quelques privilégiés seulement, n'espérez pas y voir jamais une bonne distribution des richesses. Partout, une large aumône n'a produit autre chose que la mendicité et la fainéantise. Chaque homme sent au fond de l'âme qu'il doit gagner la vie par le travail, et s'il a manqué à cette obligation, pour en combattre la honte, il s'efforce d'oublier sa dignité et de justifier son dénuement par les effets qu'en-

---

(1) Michel Chevalier, *Lettres sur l'Amérique du Nord.*
(2) De Sismondi, *loc. cit.*, t. II, ch. 2.

traîne une vie inactive. Aussi il n'est pas de station pour
lui sur la pente de la misère. L'ivrognerie et la corruption
viennent peupler les Worck-Houses de l'Angleterre et,
en Hollande même, où pourtant la propriété se trouve
sagement divisée, l'établissement mal entendu des *colonies agricoles* en a fait l'asile d'une population qui n'y
gagne, pour le jour où elle sort, qu'un état misérable
assez semblable à l'état de ceux qui, chez nous, quittent
la prison ou le bagne. L'Espagne ne nous offre pas sous
ce rapport un spectacle moins affligeant. La Russie et
la Pologne sont soumises au régime allodial, mais elles
admettent l'inégalité dans les partages successoraux ;
aussi, quelle monstrueuse différence entre les existences des enfants d'une même terre. Dans les anciennes
provinces de Podolie et de Volhynie, toutes les terres
sont entre les mains d'une centaine de familles (1).

Si la misère a un peu diminué dans quelques-unes
de nos sociétés modernes, on le doit à la division égale
des héritages et à l'absence des propriétés de main-morte,
deux choses qui, en donnant à toutes les classes une
haute idée de leur dignité, leur ont inspiré l'émulation
et l'ambition active qui les font vivre par le travail.

Que l'égalité des partages soit pour beaucoup dans
l'heureuse répartition des richesses indépendamment
de l'abolition de la féodalité pure, malgré les objections
qu'on pourrait faire, cela, après tant d'exemples,
demeure incontestable. Mais, malgré tout, il ne fau-

(1) H. Passy, *loc. cit.*

drait peut-être voir qu'un malheur dans cet état de choses, si, sous le rapport de la production, sous le rapport de la culture, il offrait certains inconvénients qu'on lui a amèrement reprochés.

En général, chaque constitution de la propriété foncière entraine un mode particulier d'exploitation. A la grande propriété correspond ordinairement la grande culture, et la petite culture à la petite propriété. Les exceptions très rares, d'ailleurs, tiennent à une cause étrangère à la production de la richesse. Ainsi, le manque de capitaux et l'existence d'une population trop nombreuse forcent l'aristocratie irlandaise à exploiter d'immenses domaines par une culture parcellaire ; les seigneurs de la France féodale songeant plus à se procurer des hommes qu'à augmenter leurs récoltes, soumettaient leurs propriétés à une exploitation assez divisée. Maintenant, chez nous, le régime de la culture suit celui de la propriété. En cela, y a-t-il un mal ? Est-ce que, par malheur, sous la pensée philanthropique de nos lois successorales, il se serait caché quelque grave erreur économique et agricole ? Le problème nous semble important ; il y a urgence de l'approfondir. Eh bien ! disons-le d'abord, si la petite propriété offre ce que nous contestons, certains désavantages pour la création de la richesse, on les a singulièrement exagérés (1).

_____

(1) On peut lire sur ce sujet l'excellente brochure de M. G. Dupuynode, intitulée : *Études d'économie politique sur la propriété territoriale.*

Par exemple, les assolements sont-ils vraiment impraticables avec la petite propriété ? Non. Sans doute, le petit propriétaire aura le désir de récolter un peu de tout ce qui sera nécessaire à la satisfaction de ses besoins ; mais par cela même que ce genre de culture lui occasionnera des pertes, il finira par diviser chaque année son terrain en autant de parcelles qu'il peut avoir de genres de récoltes dans les conditions du climat et du sol ; à moins encore, qu'il ne cultive un genre de fruits pouvant compenser celui que la crainte de ruiner son champ, d'avoir un revenu moindre, l'oblige de négliger. Il trouverait à cela encore bien plus d'avantages qu'à laisser son terrain en jachère pendant cinq ou six ans, comme le font un certain nombre de petits cultivateurs. Si ces deux ressources lui manquent, seulement alors il vendra sa propriété à un voisin plus à même d'en tirer parti.

On accuse la petite propriété d'avoir déboisé le sol français. Il faut bien avouer qu'il y a là quelque chose de fondé ; mais qu'on ne demande pas pour cela la réforme des lois de successions. On pourrait remédier à ce mal, si, sous la surveillance du gouvernement, toutes les communes plantaient ou conservaient des forêts bien administrées et bien aménagées. Ceci tient aux mœurs. Dans les Etats-Unis, quoique le bois n'y manque pas, quand un cultivateur se voit père d'une fille, il plante quelques arbres qui grandissent avec l'enfant et fournissent sa dot au moment où elle se

marie (1). Si cette prévision n'est pas dans les habitudes
d'un peuple, c'est à son gouvernement à y pourvoir
par des plantations dans tout le pays. Sully fit cela
dans les provinces. L'historien de Cyrus rapporte que
ce prince fit planter toute l'Asie mineure. En quoi la
division de la propriété empêcherait-elle une semblable
prévoyance ? Sans avoir beaucoup de grandes forêts,
pourquoi n'aurait-on pas des arbres partout où ils
peuvent venir sans nuire à d'autres produits ? Or, il
faut bien qu'en général les arbres augmentent plus qu'ils
ne diminuent les revenus de la terre, puisque les pays les
mieux plantés comme la Normandie, l'Angleterre, la
Belgique, la Lombardie, sont en même temps les plus
fertiles.

Mais les chemins d'exploitation, les fossés, les clôtures qui séparent toutes ces parcelles font perdre
beaucoup de terrain ! — Préoccupation exagérée ! Heureusement, nous n'appliquons pas les premières lois
romaines sur le bornage ; lorqu'un fossé sera nécessaire pour l'écoulement des eaux, n'en prenez pas souci,
les cultivateurs sauront bien l'ouvrir : que s'il semble
inutile, n'en prenez pas souci davantage, on ne le creu-
sera point. Les haies sont rares dans nos campagnes,
mais du reste elles sont plus utiles que nuisibles, parce
qu'elles réfléchissent la chaleur et brisent les vents (2).
De même, on ne fera jamais de chemins que ce qu'il en

---

(1) Adam Smith, *Richesses des nations*, t. III, ch. VI.
(2) Filangieri, *Science de la législation*, t. II, p. 144.

faut pour la culture ; enfin , qu'importent les servitudes
de passage , puisqu'elles ne s'exercent guère qu'après
que les récoltes sont faites dans le champ servant ?

Autre objection. Faute de capitaux , de machines et
d'instruction , la petite culture ne peut présenter les
résultats obtenus par la grande. — Eh bien ! comme
remarque générale, notons d'abord qu'il y aurait danger à
ce que la plupart des propriétaires voulussent faire des
essais, surtout sur une grande échelle ; il faut que dans
un pays la plus grande partie des agriculteurs ne mar-
chent qu'à coup sûr et avec la plus grande circons-
pection. Cérès est une déesse prudente, qui n'erre pas
à l'aventure comme les héroïnes de romans. Oui , sans
doute , avec les grands capitaux viennent, en général ,
les meilleurs procédés , une diminution proportionnelle
très marquée dans les frais d'établissements , de surveillance, de direction, une bonne division du travail
et de grandes entreprises. Mais encore une fois, qu'importe que la petite culture n'ait pas à sa disposition de
grands capitaux pour faire des essais périlleux ? — Ne
parlez pas des machines avec tant de regrets , car les
machines jouent , dans l'industrie agricole et dans
l'industrie manufacturière, un rôle tout différent. En
agriculture , toutes les fois que le morcellement n'est
pas poussé à l'excès, c'est-à-dire , toutes les fois que
l'usage des instruments ordinaires , de la charrue surtout , est encore possible, à peine le désavantage du
manque de machines se fait-il sentir. Les machines
n'augmentent pas la production par un travail plus

parfait; elles abrègent seulement le temps du labeur. Mais cet avantage, sans importance pour le petit propriétaire qui n'a rien de mieux à faire que de labourer son champ, cet avantage engendrerait un mal réel et très fâcheux, en retranchant un aliment utile à l'activité de l'esprit. On ne pourrait sagement reconnaître l'utilité des machines agricoles, que si l'amour de l'étude et le travail des métiers, choses peu goûtées par cette classe d'hommes, devaient les arracher aux écueils du désœuvrement. Cela est arrivé dans quelques cantons de la Suisse primitive ; mais le fait se présente au milieu de peuplades dont les mœurs ne souffrent aucun rapprochement avec notre caractère. — Quant au manque d'instruction que vous regrettez de trouver chez le petit propriétaire, vous vous donnez là un souci inutile, si vous regrettez cette instruction pour l'application que le laboureur en pourrait faire dans son travail journalier; en effet, s'il n'était pas propriétaire, mais fermier ou domestique, aurait-il plus de loisir pour étudier les théories de culture? A la vérité, en supposant les propriétaires peu nombreux, mais riches, ils auraient le temps d'étudier les théories agricoles, mais la pratique leur resterait inconnue. D'ailleurs, nous ne saurions trop le répéter, toujours il y aura assez d'agronomes qui s'adonneront aux expériences; comme, sans aucune science, on peut très bien imiter des améliorations toutes pratiques, les procédés utiles ne tarderont pas à se vulgariser chez les derniers des cultivateurs. Serait-il vrai, qu'orgueilleux de leur qualité de pro-

priétaires, ils se résigneront très tard à employer les
procédés dont se sert l'homme riche de leur canton?
Non, mille fois! Le paysan se montre toujours fort
habile lorsque ses intérêts sont en jeu, et puis l'instruction pénètre tellement aujourd'hui, en France, dans
tous les rangs de la société, que, peu à peu, les habitudes ont moins d'empire. Ajoutez à cela les lumières
que ne peut manquer de répandre l'institution des comices
agricoles.

Au moins, reprend-on, il est certain que la petite propriété ne peut ni élever, ni engraisser; aussi nos races
ovines, bovines, chevalines, dépérissent peu à peu; les
grands parcours sont nécessaires aux bestiaux. — A la
vérité, des documents fournis en 1842 par le ministre
du commerce aux conseils généraux de l'agriculture,
des manufactures et du commerce, tendaient à prouver
qu'il y a eu de 1830 à 1840 une diminution de plus de
9 pour 100 dans la consommation de la viande de boucherie; la consommation moyenne de chaque habitant
était, sous ce rapport, en 1789, de 13 kilogrammes au
moins, et se trouvait, au moment où parlait le ministre,
réduite à 11 kilogrammes. En Belgique cette consommation atteint 42 kilogrammes par tête et en Angleterre 68. Tous ces faits sont exacts; mais que prouvent-
ils? Les céréales entrent dans l'alimentation des Français, proportionnellement, pour une bien plus grande
part que dans celle des Anglais et des Belges, de sorte
qu'il serait difficile de conclure par voie de simple comparaison; s'ils ont moins de blé par la nature de leurs

terres, comme il faut vivre, il est tout simple qu'ils recher-
chent les fourrages et se procurent une grande quantité de
bestiaux. Mais de ce que nous portons nos soins ailleurs,
induire que, chez nous, la petite propriété ne peut pas
engraisser, c'est un singulier raisonnement. La petite
propriété engraisse quand elle y trouve son avantage.
La Suisse le prouve d'une façon irrécusable, et déjà dans
les montagnes d'Auvergne, dans les Vosges, les propriétaires qui ne peuvent entrer dans une association
fromagère renoncent à cette industrie, pour faire des
élèves de la race bovine. D'ailleurs, selon certains documents, il ne serait pas vrai que nos races dépérissent (1). L'accroissement des ressources fouragères aurait
doublé l'espèce bovine, et les individus seraient beaucoup plus forts qu'il y a trente ans. Ajoutons, qu'à
notre avis, l'existence de grands parcours, au lieu de
profiter aux troupeaux, leur seraient extrèmement nui-
sible; dans les endroits où existe la vaine pâture, on
s'exagère les ressources qu'y trouvent les troupeaux;
on se procure au printemps pour les revendre en
automne, des vaches qui, selon les calculs, ne coû-
teront rien à nourrir pendant l'été : malheureusement,
les vaines pâtures communales se trouvent surchargées,
les bestiaux y vivent mal et dépérissent. Bien plus, on
sait que pour engraisser, il ne faut pas donner trop de
mouvement aux sujets; le grand air est nécessaire aux
moutons; soit. On pourrait suppléer à cela tout en sup-

(1) *Congrès scientifique de France* tenu à Besançon en 1840, p. 64
et suiv.

primant les grands parcours ; car nous voudrions que
loin de les encourager , la loi les abolit. En Normandie
où les propriétés sont entourées de clôtures , les vaines
pâtures n'existent point (1) ; cependant qui niera la
supériorité des races animales fournies par cette
contrée ?

Ainsi tombent les objections élevées contre la petite
culture qui correspond ordinairement à la petite propriété. Nous ne voulons pas prétendre bien entendu
que tous ces griefs n'existent en aucune façon, mais
seulement, qu'ils sont d'une importance bien moindre
qu'on ne l'a souvent répété. Il n'est pas douteux qu'au
point de vue même de la création de la richesse , les
avantages de la petite propriété ne dépassent de beaucoup tous ces inconvénients.

Ce paysan dont un champ modeste soutient à peine
chaque année la vie , le cultive avec amour, lui accorde
des soins minutieux ; pas un coin perdu , pas une précaution oubliée. Voici une amélioration ; il l'imite, car
pour cela il ne faut pas de capitaux , mais seulement de
l'ordre et un labeur soutenu. Le travail infatigable , la
culture attentive et journalière du sol , voilà ce qui ne se
trouve pas chez le grand propriétaire, ce qui au contraire fait l'apanage du petit cultivateur , *gens dura ex-
periensque laborum !* Aussi pour ce dernier la terre épui-
sera tous ses dons.

Voyez la position du grand propriétaire. Quelquefois,

(1) Tissot , *Du morcellement du sol* , p. 89.

sous sa surveillance constante et sous son ordre, il fait valoir sans mettre la main à l'œuvre. Mais il faut être à moitié paysan pour conduire à bonne fin une pareille entreprise; encore cette qualité chez le propriétaire, n'empêche-t-elle point que la terre ne soit remuée par des mains mercenaires, désintéressées dans le travail, et, malgré tout, échappant facilement à l'œil du maître. — Le grand propriétaire donnera-t-il ses biens à moitié fruits? On connaît les graves inconvénients qui résultent du métayage.

Evidemment, le propriétaire, ne retirant que la moitié des bénéfices, n'est pas assez intéressé à consacrer de gros capitaux à la culture de ses terres; d'autre part, le métayer, pauvre, sans espoir de gagner beaucoup dans des récoltes partagées, craint sa peine, parce qu'elle profite par moitié au propriétaire; sans impôts ni fermages à payer, rien ne l'aiguillonne, et tout le satisfait quoiqu'il vive assez mal, pourvu qu'il travaille assez peu. — Ces grandes propriétés qu'on désirerait dans un pays, les fera-t-on exploiter par des fermiers? Alors les exploitations étant très vastes, le fermier sera naturellement un capitaliste déjà riche, ne se mêlant pas à la population ouvrière et dirigeant les travaux agricoles comme un chef de manufacture dirige ses ateliers.

Il ne se trouve pas alors pour la création de la richesse dans une position plus favorable que ne le serait le propriétaire lui-même. Lorsqu'au contraire les propriétés sont divisées, longtemps, dans l'année, le fermier cultive par lui-même, fait partie de la classe des laboureurs qu'il emploie , et vivant avec eux , leur fait plus facilement prendre ses intérêts. Mais , dans cette supposition même , le fermier , ne devant pas trouver dans ce champ un intérêt éternel, y verse moins de précautions et de peines que ne le ferait un petit propriétaire ; heureux ce dernier , si , quand approche la fin du bail , il ne voit pas son locataire arracher au sol dix fois plus qu'il ne lui rend et le ruiner.

Dans beaucoup de petites parcelles , la culture maintenant ne se fait plus qu'à la bêche ; les produits de cette agriculture jardinage sont presque décuplés, et comme la variété en est extrême , ils pourraient suppléer en partie à la disette des grains.

La majorité des citoyens étant plus ou moins à même de récolter la subsistance de leurs familles , ils deviennent prévoyants, recueillent un peu plus que le strict nécessaire. Autant de familles propriétaires , autant de petites réserves agricoles et de greniers de précaution. Voilà une autre circonstance qui diminue singulièrement les chances de disette.

On le voit, les avantages de la petite propriété semblent d'une très grande importance pour la production. Mais, au surplus, il est à croire qu'on pourra combiner avec ces avantages , ceux d'une exploitation en grand. On y arrivera par l'association ; sans doute cette idée , quoique si vieille déjà (1) , est encore bien loin de nos

(1) Sans parler des communautés ascétiques , on peut lire l'*Encyclopedie* , t. xxii, p. 245, éd. de 1779.— Voir aussi Alfred Sudre, *Loc. cit.*, p. 313.

mœurs à beaucoup d'entre nous, et les petits propriétaires surtout répugnent instinctivement à s'unir, à
cause de la satisfaction qu'ils retirent d'un travail libre,
et pour eux-mêmes, du désir de tenir secrètes leurs
affaires privées et de l'amour jaloux que chacun d'eux
porte à sa terre. En outre, une centralisation exagérée a
tué chez nous, non seulement en politique, mais encore
en industrie, les principes d'activité de vie personnelle;
bien différents que nous sommes sous ce rapport de
l'Amérique du Nord, de l'Angleterre et de la Hollande,
où l'association agit avec ardeur et a passé de la politique dans l'industrie et le commerce. Nos législatives
n'ont pu encore se défaire de ces idées décrépites, et ont
semblé depuis quarante ans prendre plaisir à repousser,
au lieu de les encourager, les sociétés créées pour l'exé-
cution des grands travaux publics. Les phalánstériens,
par leurs exagérations, ont malheureusement fait tort
aussi dans le public à cette idée d'association qui n'est
pas neuve; mais elle triomphera, car c'est principalement lorsque la fortune est très divisée qu'il devient
nécessaire qu'on ait le désir et l'habitude de rassembler
les moyens d'action, les capitaux. Et puis des faits
montrent cela comme très possible dans certaines limites.
Nous ne citerons ni les Spartiates, ni les Pythagoriciens,
ni les Esséniens, ni les Thérapeutes, ni les moines,
tous ces hommes ayant eu un esprit qui ne peut être
celui du genre humain; l'exemple des premiers chrétiens, des établissements du Paraguay, des Owenistes
ou des frères Moraves, pourrait soulever aussi de justes

objections. Mais prenons des faits plus voisins et plus dans nos mœurs ; dans les montagnes d'Auvergne et dans celles des Vosges, par les inspirations du bon sens, on s'associe pour la fabrication des fromages ; il en est de même dans la chaîne du Jura et dans les vallées de la Suisse. C'est l'usage du département du Bas-Rhin que dans chaque commune certains petits propriétaires aient pour principale occupation de labourer, à tant par are, les champs de leurs voisins, au moyen de deux bœufs ou de deux chevaux que cette ressource leur permet de nourrir. En Lorraine où la terre appartient presqu'en entier aux cultivateurs eux-mêmes, nous avons vu dans notre enfance les villages louer pour garder leurs troupeaux un ou plusieurs bergers selon leur importance. Le matin le bétail est ramassé par le berger au son de sa musette, va paître et revient le soir comme il était parti. Dans le pays cela semble tout naturel et n'excite l'étonnement de personne. Il paraît que les choses se passent de même dans certaines provinces du Luxembourg (1).

Ces faits encore exceptionnels, imperceptibles, contiennent en eux le germe d'un grand progrès, d'une véritable et large association agricole entre les propriétaires (2). Les noirs de la Guyane anglaise, à peine affranchis, se rassemblent pour acheter et cultiver de grandes habitations ; pourquoi n'espérerait-on pas que

---

(1) Dupuynode, *Loc. cit.,* p. 81.

(2) Voir d'autres faits rapportés dans la Phalange du 28 mars 1841.

bientôt les petits propriétaires comprendront enfin qu'il y a avantage quelquefois de réunir en un tout plusieurs parcelles. Pour les grandes entreprises, comme les défrichements, pour toute exploitation qui touche au système des assolements, comme la culture des céréales et des herbages, l'association viendra remédier aux inconvénients peu nombreux d'ailleurs de la culture en petit, et alors, ainsi qu'on le reproche si fort, les récoltes ne se morcelleront pas en même temps que la terre (1).

Ajoutons que les partages entre cohéritiers n'opèrent de fractionnements nuisibles à l'agriculture que quand il s'agit d'une hérédité de très peu de valeur. En général, il n'y a pas pour former les lots nécessité d'effectuer de nouvelles divisions. Bientôt même, par la meilleure répartition et l'accroissement de la richesse mobilière, on sera, dans les successions, très rarement obligé de subdiviser les parcelles territoriales ; les parts d'héritiers se formeront en partie par soultes. Les caisses d'épargne nous mèneront à cet heureux résultat si nos gouvernants les ménagent plus que leurs devanciers. La loi hollandaise reconnaît l'égalité des partages et, néanmoins, l'accroissement énorme qu'a pris depuis longtemps dans les Provinces unies la richesse mobilière, y a exercé une influence telle, que le sol, sans être occupé par de grandes fermes, offre peu de divisions parcellaires.

Mais passant maintenant à un autre ordre d'idées,

---

(1) Tissot, *Loc. cit.*, p. 40 et 41.

8*

attaquons à notre tour. Si on considère attentivement
l'égalité et la liberté que nos lois de successions intro-
duisent dans la propriété foncière, ne semble-t-il pas
que ces deux principes sont pour la création de la richesse une cause invincible d'amélioration et de perfectionnement?

Par les lois qui prohibent le privilége d'aînesse et
qui, pour en prévenir les effets, mettent des limites à
la faculté de tester, on voit bien moins souvent dans les
familles des membres qui, jouissant d'une fortune suffi-
sante, se trouvent par cela même moins aiguillonnées pour
viser à l'accroissement de production. Chez les patriciats,
les mœurs obligent l'aîné à soutenir par le faste l'éclat
d'un grand nom, à vivre dans les cours, dans les armées, à se mêler aux affaires publiques. Ce chef de la
famille, fut-il disposé à s'occuper de travaux agricoles,
n'en aura pas le moyen; il lui est impossible de verser
ses revenus dans ses terres, d'essayer des expériences,
de faire des assolements nouveaux. Comment voulez-
vous surtout qu'il élève une manufacture, soutienne les
entreprises utiles, se mêle aux opérations du commerce?
La mode, les habitudes ne lui en laisseraient nullement
la liberté. En France, au contraire, où depuis 89 l'aristocratie foncière n'existe plus, on ne voit pas les enfants
même des familles relativement opulentes rester dans
une oisiveté complète. Quoique le père puisse donner
à un de ses fils la quotité disponible, l'effet économique de cette liberté est peu sensible, d'abord parce
qu'il n'est guère dans nos mœurs de rompre l'égalité

du partage entre nos enfants, et puis en outre parce que le don de la disponible ne met pas en général le fils avantagé au-dessus de la nécessité du travail. Cependant, même sous le rapport économique, nous demanderions la révision de l'article 949 du Code civil.

L'esprit de liberté dans la constitution de la propriété foncière ne semble pas moins favorable pour la production que la tendance à une certaine égalité.

Il fut sage aux lois successorales d'encourager l'accroissement de la richesse des corporations, au moyen âge, quand les domaines des monastères offraient seuls de la sécurité et du repos aux travailleurs d'autrui ; quand les biens des communes, heureux asile pour le pauvre habitant des campagnes, en vue des tours du château suzerain, lui faisaient sentir davantage les jouissances de la liberté. La France doit aux moines d'avoir les premiers défriché les solitudes qu'avaient faites la domination romaine et la barbarie ; « aux ordres reli-
» gieux revient la gloire d'avoir fourni les premiers agri-
» culteurs comme les premiers savants.... D'ailleurs, il
» était utile que le clergé fût puissant, comme seigneur
» temporel, dans une société où l'autorité n'appartenait
» qu'à la force. Seul, il représenta longtemps alors les
» les idées d'ordre, de justice et d'humanité. Nous ne
» saurions l'oublier : c'est dans la silencieuse cour du
» cloître que fut jeté le germe de la civilisation qui en-
» veloppe dans ses rameaux magnifiques le monde mo-

» derne tout entier (1). » Quant aux communes, la
France y voit le berceau de ses institutions libérales.
Sur la terre communale, le paysan se sentait, moralement
du moins, plus à l'aise : « Il comprenait que ce bien
» était sa chose, qu'il avait lui aussi quelques droits à
» défendre (2) ». Aussi, la royauté accomplissait une
œuvre de liberté en protégeant les corporations contre
les tendances envahissantes des grands vassaux. Mais si
les communautés religieuses peuvent encore, dans les
pays non civilisés, rendre d'immenses services à la culture, il y a longtemps que chez nous a fini leur rôle
agricole. Il en faut dire autant des communes qui, elles
également, ont accompli leur mission libératrice. Ces
agglomérations de personnes n'admettant que des intérêts communs, possèdent toute l'émulation nécessaire
pour atteindre une certaine perfection du travail, mais
elles ne dépassent point les limites moyennes ; l'intérêt de la prospérité publique demande donc que les
libéralités faites aux corporations soient soumises à des
restrictions non exagérées, sans doute, mais propres
du moins à concilier le principe économique avec la liberté du donateur.

Les substitutions produisent des dommages non moins
considérables. L'héritier fiduciaire, possesseur d'une fortune qui ne réside que provisoirement en ses mains, loin
de l'améliorer, souvent la dévaste ; le champ lui est passé
sans aucun capital ; il sait trop bien que pour le faire

(1) G. Dupuynode, *Loc. cit.*, p. 59.
(2) G. Dupuynode, *Loc. cit.*, p. 58.

valoir il lui faudrait sacrifier des avances dont le bénéfice reviendrait à d'autres. La substitution se compose-t-elle de numéraire? Tant pis! car plus lié que jamais, il ne peut placer ce numéraire dans une entreprise industrielle, ni le consacrer à l'agriculture. Un grevé de substitution, honnête homme, n'entreprendra rien dans la prévision de comptes rigoureux. Est-il peu délicat? Il ruine le fonds et dissipe. Une loi de substitution en frappant le sol d'immobilité, le retient souvent chez le possesseur négligent et inhabile et, en tout cas, elle entraîne cette conséquence funeste et inévitable que la génération vivante liée par la génération passée ne peut rien faire pour la génération à venir.

Supposons même un grevé désireux d'entreprendre, malgré tous les inconvénients de sa position, des améliorations agricoles; il ne le pourra point, faute de crédit. Les substitutions ruinent le crédit foncier et tuent l'agriculture dans un pays qui ne se trouve pas, par un immense commerce, en possession d'un numéraire surabondant. Ce manque de crédit s'explique. Combien de fois ne se sont pas trompés les créanciers du grevé? Sans la prévoyance qu'inspire un droit complet de propriété, celui-ci dépense au-delà de ses revenus. Gêné, il ne peut vendre et emprunte, d'autant plus facilement qu'il ne redoute point une expropriation, que presque toujours un système hypothécaire occulte voile aux tiers sa situation véritable. Il accumule les obligations, jusqu'à ce que la mort venant enlever ce fastueux débiteur, on oppose à ses créanciers la substitution qu'ils ignoraient.

A Venise, en Espagne, en France avant 89, on a vu la noblesse entièrement ruinée (1). Au sein de l'Angleterre encore toute féodale, les substitutions ont inspiré à Adam Smith des plaintes éloquentes (2); et si de nos jours, dans notre pays, les effets fâcheux de la loi de 1826 ne se sont pas fait sentir en agriculture, il n'en faut savoir gré qu'à nos mœurs.

Une dernière considération théorique. Avec des lois successorales démocratiques, la position de tous en général étant médiocre, chacun aspire à une condition meilleure, et la fortune s'emploie à élargir le domaine des arts utiles. Les gouvernements qui ailleurs établissent leur autorité principalement par l'éclat des cours et par des guerres sanglantes, ici ne vivent qu'à la condition de favoriser la production, parce que le peuple qu'ils conduisent, appréciateur expert de la valeur des richesses, supporte difficilement les charges dont il n'attend pas un bénéfice prochain.

Maintenant, interrogeons les faits qui, encore une fois, valent bien, quelquefois, des raisonnements.

C'est principalement sur la richesse agricole qu'une loi de succession exerce son influence directe.

Or, en ceci, la population doit entrer pour terme de comparaison dans le calcul. Le sol français occupé en 1790 par 24 millions d'habitants en nourrit maintenant 36 millions. D'ailleurs, il est reconnu que la masse des

(1) G. Dupuynode, *Loc. cit.*, p. 117.
(2) *Richesses des nations*, t. II.

habitants est mieux logée, mieux vêtue, mieux nourrie qu'en 1790. Voilà déjà une preuve bien nette que la division et la liberté des héritages ont entraîné une augmentation de production.

En 1790, on estimait à 42 milliards l'ensemble du capital engagé dans l'agriculture; ce capital, aujourd'hui, s'évalue à plus de 51 milliards.

En 1790, les revenus annuels de la France montaient à 4 milliards et demi; en 1843, déjà la production agricole, seule calculée, s'élevait à près de 7 milliards (1).

Certains hommes d'un grands poids (2) ne craignent pas de dire que depuis soixante ans la richesse nationale a quintuplé en France. D'un autre côté, la population ne s'est pas tout à fait accrue de moitié, en sorte que la richesse a marché deux fois plus vite que la population.

En supposant même cette dernière assertion exagérée, au moins une amélioration notable est incontestable et se prouverait, au besoin, par des chiffres de détail. Avant la révolution, la masse entière des céréales produites annuellement était de 120 millions d'hectolitres, tandis que maintenant on doit l'évaluer à plus de 130 millions avec plus de 96 millions d'hectolitres de pommes de

(1) Voir M. Ch. Dupin, *Loc. cit.* — Nous n'accepterions pas sans contrôle ces chiffres de M. Ch. Dupin que son optimisme égare souvent; mais ici il reste au dessous de l'évaluation de M. Michel Chevalier qui en 1841 croyait à un revenu annuel de 8 milliards. Voir son *Discours d'ouverture du cours d'économie politique au collége de France.* — On peut consulter aussi la statistique agricole publiée par le Ministre du Commerce en 1843.

(2) Entre autres M. Troplong, *Prop. d'après le Code civil.*

terre (1). On a calculé que l'hectare de terrain occupé par des céréales, produit aujourd'hui un revenu plus considérable de près d'un tiers (2). Bien plus, sur la quantité de céréales produites par notre sol, la région septentrionale, à raison de causes qu'on ne peut énumérer ici, plus divisée, fournit les deux tiers en moins (3).

Après la culture des céréales, la production agricole la plus utile est l'éducation des bestiaux ; déjà ce point de la question a été incidemment examiné quoique sa place naturelle fût marquée ici. A ce qui a été dit, ajoutons une observation. Si l'Angleterre élève plus de bestiaux que la France, c'est que son sol brumeux semble bien plus favorable aux prairies qu'aux froments ; l'éducation des races fût-elle, chez nous, moins avancée qu'il y a quarante ans, tant que cette infériorité ne dépasserait pas certaines limites, il ne faudrait point s'en effrayer. Ce qui paraît essentiellement nécessaire à la santé de l'homme, ce sont les céréales ; des données certaines recueillies par la statistique (4) et vérifiées par la science (5), prouvent d'une manière irrécusable que le manque de blé accroît la mortalité. Pourrait-on en dire

(1) Voir la *Statistique agricole de* 1843, indiquée plus haut.
(2) Moreau de Jonnès, *Journal des économistes*, janvier 1843.
(3) *Statistique agricole de* 1843.
(4) Dufau, *Traité de statistique*, p. 186 à 188. — D'Angeville, *Essai sur la Statistique de la population française*, p. 113.
(5) G. Dupuynode, *Loc. cit.*, p. 85. — *Statistique agricole de* 1843. — On peut lire aussi un mémoire du docteur Mélier.

autant des viandes de boucherie ? La mortalité a
diminué à Paris quoique la consommation de viande
ait suivi un décroissement étonnant : de 75 kilogrammes,
consommation moyenne de chaque habitant en 1790,
elle est passée à 70 kilogrammes en 1812 et à 22 kilogrammes en 1840 (1). Tant que la culture ne souf-
frira pas sérieusement du manque de bestiaux, on ne
devra donc pas s'affliger de voir chez nous la production des céréales plus recherchée que celle des fourrages.

Enfin, malgré la préférence accordée à la culture des
céréales, les vignes, c'est-à-dire la troisième production agricole parmi les plus considérables, couvrent
aujourd'hui une superficie plus grande d'un tiers que
celle qu'elles occupaient en 1790. Sans doute, il est
passé de mode de déplorer le malaise prétendu des
contrées viticoles ; la politique fait à peu près tout le
fonds de ces plaintes ; les oppositions n'ont pas été
fâchées d'attaquer nos gouvernements au sujet de la
multiplicité vraiment fâcheuse des droits qui frappent
les vins et en arrêtent la consommation. A Paris, dit-
on, chaque habitant consommait annuellement en
moyenne 160 litres de vin, il en consomme aujourd'hui
moins de 100. Cependant, la production viticole a considérablement augmenté (2). Que prouve donc l'abais-
sement de consommation à Paris ou en toute autre

(1) G. Dupuynode, *Loc. cit.*, p. 85 et 86.
(2) *Statistique agricole de* 1843.

ville? Rien , si ce n'est qu'il faudrait diminuer et régler les octrois et ne plus déplorer , sous le point de vue économique, le morcellement de la propriété.

Ce pays qui , avant la révolution suffisait avec peine à 500 millions d'impôts , supporterait ajourd'hui facilement un budget qui ne serait que de 1,400 millions.

Il n'existe plus en France que deux grands propriétaires : l'Etat et les corporations. Veut-on établir entre les biens qu'ils détiennent et ceux appartenant aux simples citoyens un rapport comparatif?

D'abord , par biens de l'Etat, on n'entend ici parler , bien entendu , que de la partie du domaine national susceptible d'appropriation privée. Ce fond est évalué à 737 millions au moins (1). Il est vrai que dans ce chiffre les forêts entrent pour 729 millions; aussi, n'avons-nous pas l'intention de contester la nécessité qu'il y a de conserver à l'Etat ses domaines , d'autant moins que cela ne tient pas à notre sujet. Seulement on peut demander ici , jusqu'à quel point les biens retenus par le gouvernement donnent à ceux qui y travaillent, ce merveilleux stimulant qu'inspire l'intérêt personnel, jusqu'à quel point ils rapportent ce qu'en retirerait le droit individuel de propriété? Voilà longtemps que le bon sens public a résolu la question.

On a vu déjà ce que nous pensons des corporations

(1) Voyez l'indication des propriétés immobilières de l'État, distribuée aux Chambres en avril 1842 par le Ministre des finances.— Dupuynode, *Loc. cit.*, p. 47.

sous le rapport économique. Au sein de notre état social, les propriétés des corporations, non seulement n'offrent plus d'avantages , mais elles sont funestes. Avant 1790, les biens religieux en France fournissaient à peine un revenu de 150 millions. Aujourd'hui , l'intérêt personnel , cet aiguillon admirable qui donne de l'esprit au plus simple (1) a triplé ce revenu par une activité ignorée de nos temps aristocratiques. Quant aux terrains communaux , on sait le faible parti qu'en tirent les municipalités ; certaines communes ont si bien compris l'inconvénient de ce genre d'exploitation qu'elles ont aliéné en soumettant seulement l'acquéreur au paiement d'une rente. Peu de temps s'est écoulé avant que l'arrérage de la rente due par le nouveau propriétaire ne formât déjà qu'une très faible part du revenu que lui rapporte la terre reconnaissante envers le labeur.

En présence des inconvénients que présentent les propriétés des corporations , nous voudrions qu'à l'avenir on interprétât avec rigueur , et dans l'intérêt de la production , l'article 910 et l'article 937 du Code civil qui donnent à l'Etat le droit de refuser aux corporations de toute nature , l'autorisation d'accepter toute donation entre-vifs ou testamentaire. Parmi les divers décrets , lois et ordonnances qui ont déterminé le mode d'acceptation de ces sortes de libéralités , nous avons donc eu raison de blâmer les dispositions qui ont eu pour objet de déléguer , en certains cas , le droit d'auto-

(1) Expression de J.-B. Say.

risation à des administrateurs nommés par les localités,
et toujours plus ou moins portés à voir florissantes les
corporations qui les touchent.

En attendant, le mal pourrait marcher vite. Les
seuls établissements religieux reconnus par l'Etat,
possèdent déjà une fortune immobilière de 150 millions
sur lesquels, de 1830 à 1842, ils ont en dons ou legs
reçu 15 millions (1). Nous ne possédons pas d'évaluation des biens communaux.

Heureusement, ces écarts sont rares dans nos lois
successorales. Elles nous ont fait une population agricole qui parle peu, écrit moins, mais agit, travaille et
comprend bien toutes les améliorations de l'agriculture;
car c'est en servant ses propres intérêts qu'elle travaille
si efficacement à accroître la richesse publique. Ne
croyez pas notre population si aveugle ni si routinière;
seulement des impossibilités qu'on ne peut guère apprécier hors de son sein se rencontrent à chaque pas sur
la route. Partout quelle marche rapide ! Tout a changé
de face. « Dans la vaste plaine qui sépare le vignoble
» d'Epernay de Châlons-sur-Marne, dit M. Troplong (2),
» le paysan est fier de ces cultures verdoyantes, de ces
» prairies artificielles dues à son travail, qui là, comme
» dans le reste de la Champagne, ont rendu méconnais-
» sable tout l'aspect du pays et font demander à

(1) Voir au *Moniteur*, année 1843, 13 juin, un rapport fait par le
Ministre de la justice à la Chambre des députés. — G. Dupuynode, *Loc.
cit.*, p. 67.

(2) *Préface au traité du louage*, p. cii et ciii.

» l'étranger étonné, où est la Champagne pouilleuse,
» où sont ces champs de craie dont on parle tant. »
Dans la Limagne, où les propriétés sont extrêmement
divisées, presque toute la culture se fait à bras
d'hommes, avec la bêche, la pioche et la houe, par
exception, avec une charrue attelée de deux vaches lai-
tières, et souvent d'une seule à côté de laquelle se
place la femme du laboureur. On ne voit plus de terrains
en friche ni en jachères ; on y obtient deux récoltes par
an, en grains et en légumes, et un arpent de terre y
y est loué, prix moyen, cent francs (1).

La richesse rurale du département de l'Eure a aug-
menté de 54 p. 0|0, de 1800 à 1837 (2). Enfin la petite
propriété, partout utile à la production, la favorise principalement en France, où l'on demande à la terre toutes
sortes de produits, des grains, des légumes, des vins, de
l'huile, du chanvre, du houblon, du colza, des fruits,
des cocons, des plantes tinctoriales.

Cette agriculture qui doit sa prospérité à un bon
régime de successions et qui pour notre pays forme la
chose essentielle, cette agriculture constitue aussi le
meilleur encouragement des industries manufacturières.
L'excédant que retire le simple journalier ou le culti-

(1) Voir les pages 8 et 9 de la brochure de M. Tissot déjà plusieurs fois
citée. Nous avons lu avec fruit ce beau travail qui n'a de défaut que celui
d'être un peu systématique et dans lequel l'auteur envisage sous toutes
ses faces la question de morcellement.

(2) Consulter un mémoire de M. Passy (*Journal des économistes*,
1842).

vateur, il l'emploie non seulement à sa subsistance, mais encore fournir à lui, à sa famille, des vêtements plus élégants, des meubles et tous les objets qui servent aux commodités de la vie; on peut sans crainte attribuer à, cet accroissement dans la production agricole, les progrès de l'industrie nationale. Souvent même l'influence de la production agricole est beaucoup plus directe et donne elle-même naissance à l'industrie. Déjà la plupart de nos propriétaires amateurs sont devenus des propriétaires utiles ; non seulement ils changent tous les jours leurs habitudes immobiles par la culture de la garance, du colza, de la pomme de terre à convertir en fécule, par de nouveaux assolements, mais aussi ils ont commencé une association étroite entre l'industrie manufacturière et l'industrie agricole ; la loi des héritages a tellement brisé les grandes existences, qu'il a bien fallu que chacun se mît à faire quelque chose pour chercher l'aisance. Les uns, par exemple, emploient l'excédant de leurs revenus à distiller de la betterave ; par malheur, le système fiscal a détourné de son cours naturel cette belle découverte. Tous nos grands propriétaires fonciers seraient maintenant maîtres de forge, si par un imprudent monopole du combustible, l'État qui tient l'immense majorité de la propriété forestière, n'eût rendu difficile l'industrie métallurgique.

Les autres peuples, soit anciens, soit modernes, nous montrent la production de la richesse suivant la même loi de faiblesse ou d'accroissement, selon que le régime de succession est aristocratique ou démocratique.

Qui ne connait la prudente constitution du gouvernement théocratique de l'Egypte ancienne ? Un tiers du sol était réservé en toute propriété aux individus placés en dehors des castes dominantes (1). Alors l'Egypte était un des pays les plus fertiles du monde (2). Depuis que les invasions asiatiques y ont arraché à l'homme tout domaine sur la terre, elle est devenue une sorte de caserne agricole, et maintenant règne presque la pauvreté dans cette vallée du Nil autrefois admirable.

Josué avait partagé les terres aux Israélites. Ils ne pouvaient ni s'enrichir à l'excès ni se ruiner totalement, puisque, d'un côté, les partages successoraux se faisaient d'après un système d'égalité, et que de l'autre, la loi du Jubilé révoquait tous les demi-siècles toutes les aliénations et prohibait, passé cette époque, la réclamation des dettes (3). Ce système démocratique amena d'heureux fruits sous un rapport, puisque d'après les calculs faits sur les Livres Saints (4), la Judée put bientôt nourrir 6 à 7 millions d'habitants ; il avait peut-être cependant pour défaut de détruire au moins en partie, chez les Israélites, le sentiment de prévoyance qu'ils eussent mieux compris avec plus de liberté. Quoiqu'il en soit, la Syrie toute entière fait vivre à peine aujourd'hui 3 millions d'habitants ; cela ne tiendrait-il point,

---

(1) Heeren, *Loc. cit.*
(2) Hérodote.
(3) Fleury, *Mœurs des Israélites*, ch. VIII et IX.—Tissot, p. 1.
(4) I. Paralip. XXI, 5 et 6.

par hasard, à cette constitution de la propriété en Orient, qu'on a si justement flétrie ? (1).

Au temps du régime populaire qui, de la Grèce, s'était propagé dans l'Asie mineure, au moins sur le littoral, cette contrée voyait couler sur son sol enchanteur des fleuves qui roulaient de l'or, c'est-à-dire qui nourrissaient des troupeaux à la riche toison (*toison d'or*) arrosaient des champs couverts d'épis (épis *adorea*). La misère et la tristesse ont remplacé tout cela ; le despotisme de la loi turque a ruiné l'Anatolie. On pourrait appliquer la même réflexion à la Grèce ; espérons pourtant qu'elle retrouvera ses beaux jours au souffle de la liberté !

Jetons un regard attentif sur l'Italie ancienne, dominatrice du vieux monde. Malgré des lois successorales aristocratiques, Rome ne connut pas d'abord la grande propriété ; dans son territoire peu étendu, les patriciens eux-mêmes ne pouvaient se constituer que des domaines restreints, à la culture desquels leurs bras suffisaient ; le prolétariat vivait autant de la guerre que des produits du sol. Or, on sait que les patriciens bien plus sages dans leur politique que les Spartiates ou les Crétois cultivèrent eux-mêmes leurs petits champs tant que les terres de la République demeurèrent bornées. Ceci est un fait classique attesté par toute la littérature de l'antiquité (2);

(1) Troplong, *Prop. d'après le Cod. civ.*, p. 75.

(2) Cicéron, *De Senectute*, xvi.— Properce, *Élégie I*, liv. iv.— Pline, *Hist. nat.*, liv. xviii, c. 3. — Virgile, *Géorg.*, ii.

il suffit de rappeler « ces consuls qu'on allait chercher
» à la charrue, fertilisant le sol stérile et malsain de
» Pupinies, ameublissant au prix de leurs sueurs ces
» terres compactes et rebelles ». Qui ne connaît « les
» noms des Fabricius, des Cincinnatus, des Seranus ?...
» Et ces illustres personnages ne sont pas cités comme
» constituant des exceptions, mais bien comme prati-
» quant les habitudes communes. » (1). Hé bien ! nous
savons qu'à cette époque primitive le sol des Latins,
malgré une constitution patricienne, forcément partagé
en petits domaines et cultivé par des mains propriétaires
se montra d'une merveilleuse fertilité. Le cygne de Man-
toue évoque d'un lointain passé le spectacle de cette terre
que fécondaient les Caton et les Fabricius :

« *Salve magna parens frugum, saturnia tellus,*
» *Magna virum......* »

« Salut terre des moissons et des héros ! »

Mais, comme nous l'avons vu, la grande propriété
finit par se constituer au bénéfice du patriciat. Dans
cette situation, le colonat augmenta d'une manière
considérable en même temps que la production di-
minuait (2). Que pouvait-on attendre de bras serviles !
Les terres labourables se convertirent peu à peu en pâtu-

---

(1) M. Benech, *Des élections romaines*, Revue de lég., juillet 1849.
— Pilati de Tassulo, *Lois politique des Romains*, ii, 17.
(2) Tacite, *Ann.*, lib. iv, c. 27. — Troplong, *Préface au contrat de louage.*

rages (1), l'Egypte nourrit l'Italie incapable de se
suffire, et les destinées du peuple romain furent, suivant l'expression de Tibère „abandonnées aux vents qui
soufflaient sur les côtes d'Afrique (2). Le peuple, sans
industrie, sans propriété, ne connaissait plus que le
cri qui désolait déjà Auguste (3), le cri de la charité
légale : *panem et circenses !* Ecoutez Colennelle : « Nos
» ancêtres tirèrent plus de profit des sept arpents dis-
» tribués après l'expulsion des rois par le tribun
» Licinius que ne nous en rapportent des champs
» beaucoup plus vastes, maintenant que les grands ont
» des domaines dont ils ne peuvent pas même faire le
» tour à cheval, qu'ils abandonnent à la merci des
» troupeaux, des animaux sauvages, et qu'ils font
» garder, soit par leurs débiteurs prisonniers, soit par
» des troupes de malheureux esclaves (4) ».

On fut obligé de faire des lois sur les biens délaissés (5).

Cependant, la dépopulation avait suivi l'abandon de
la culture (6). En vain les empereurs essayèrent
d'arrêter le mal (7) ; en vain, on distribua aux barbares

---

(1) Varron, *De re rusticâ*, lib. ii, *Præf.*

(2) Tacite, *Ann.*, lib. iii, c. 54. — M. Dureau de la Malle, *Economie politique des Romains*, t. ii, p. 218.

(3) M. Dureau de la Malle, *Loc. cit.* — Tissot, *Loc. cit.* p. 6.

(4) *De re rusticâ*, lib. i, *Præf.*

(5) C. *De omni agro deserto.* — Troplong, *Loc. cit.*

(6) C. Théod., lib. xi, tit. 28, l. 2. — Ausone, *Mosella.* — Troplong, *Loc. cit.*

(7) Suetone, *In Julium.* xx, 43. — Tacite, *Annal.*, lib. iii, c. 4 —

les bords du Pô et les plaines de la Cisalpine ; en vain , pour avoir des cultivateurs plus intéressés à la production , on imagina deux modes nouveaux d'exploitation , l'emphytéose et le colonat (1). L'empire arrivait à sa fin ; seule la législation libérale de Justinien sur les successions pouvait détruire le mal ; mais lorsqu'elle parut , l'invasion avait forcé les forteresses de l'empire. Le Code nouveau n'eut pas le temps de produire son effet. Pline voyait la véritable cause de cette mortelle langueur lorsqu'il s'écriait douloureusement : « La grande propriété a perdu l'Italie et les provinces ! »

Le moyen âge fut bien obligé d'attacher l'homme à la culture par l'intérêt ; il imagina les beaux à cens , les beaux à rente , les emphytéoses à perpétuité , etc. Ainsi on parvint à peupler les solitudes (2) ; mais le régime successoral ne mettait pas le laboureur en relation assez libre avec la terre , et après avoir atteint une limite peu avancée le progrès s'arrêta.

Passons aux temps modernes.

Depuis cinq siècles , deux législations se sont partagé l'Italie. Au sortir de l'époque féodale , les républiques italiennes du nord-ouest composée de peuples laborieux reconnurent l'égalité des partages et proclamèrent le bien-être et le sentiment de la dignité humaine. Aussi

Plusieurs fragments d'Ulpien et des dispositions multiples dans le Code Théodosien témoignent de ces efforts ; on peut voir ces passages relatés dans l'ouvrage de M. Troplong.

(1) G. Dupuynode , *Loc. cit.*, p. 10.

(2) Sismondi , *Etudes sur l'écon. polit.*, t. III, p. 285.

maintenant encore , tous les voyageurs admirent la fertilité merveilleuse de cette Sardaigne et de cette Toscane dont le sol pierreux, vu à découvert, offre de si maigres apparences. Quelle supériorité ne reconnaît-on pas aux rentes annuelles des petites métairies du val de Nievole sur les fermages perçus pour les terres dans la plupart des pays de l'Europe (1) ! La propriété y est extrêmement divisée; les plus pauvres familles n'y vivent pas trop mal et comme chacun travaille pour soi, chacun travaille beaucoup. Naguère une exception existait à cette perfection générale. Les biens donnés ou légués aux corporations religieuses restaient mal cultivés et improductifs. Des marais infects couvraient alors le département de la Toscane aujourd'hui le plus fertile. Tout cela a changé de face depuis que, sous de justes dédommagements, le grand-duc Pierre-Léopold a engagé le clergé et les corporations religieuses à aliéner la presque totalité de leurs terres.

Au contraire, quelle n'est pas la situation de la culture dans ces États romains où une loi successorale à tendances patriciennes a , comme aux siècles passés, concentré la propriété chez un petit nombre ! On sait quel aspect offre l'*agro romano*, cependant si propre à la production. C'est qu'aujourd'hui la campagne de Rome appartient à de grands propriétaires qui tirent toujours assez de leur terre, en les convertissant en pâturages habités seulement par quelques bergers chargés de

(1) Sismondi, *Tableau de l'agriculture Toscane*, p. 198.

soigner des troupeaux de moutons. Vainement à plusieurs reprises, les Papes ont essayé d'activer la culture dans ces champs si fertiles ; les propriétaires abandonnent, pour vivre dans les villes, la régie de leurs biens à des intendants ignorants ou infidèles et souvent l'un et l'autre. On dépense là dans le luxe et la vanité, un excédant de revenu qui serait mieux employé si on l'appliquait à la culture du sol. Par suite une armée de domestiques inutiles et une déplorable diminution dans les produits naturels et industriels, enfin, tous les dangereux inconvénients que nous signalions en examinant au point de vue théorique les effets économiques du droit d'aînesse. Et pourtant l'expérience prouve que l'*agro romano* peut donner, comme les champs de Campanie, trois récoltes par an dans le même terrain !

Le tableau des États romains peut s'appliquer à l'Espagne (1).

La Russie de l'Europe, dix fois aussi étendue que la France, nourrit mal cinquante millions d'habitants. Il faut, sans doute, tenir compte du climat des parties du Nord ; mais, en compensation, quelle ne serait pas, avec une bonne distribution du sol, la richesse des contrées méridionales !

Adam Smith, en apercevant ces tristes effets, ne leur trouve qu'une cause principale :

« La désolation des provinces occidentales de l'Eu-

---

(1) Dureau de la Malle, *Loc. cit.*, t. II, p. 218 et suiv. — Tissot, *Loc. cit.*, p. 13.

» rope après l'invasion des barbares , dit-il, ne fut pas
» due seulement aux violences et aux rapines exercées
» par le vainqueur, mais surtout à l'accaparement de
» la plus grande partie des terres par les chefs et les
» principaux des nations conquérantes. Il s'en trouvait
» beaucoup alors sans culture , mais , cultivées ou non ,
» il n'y en eut point qui restât sans maître ; elles furent
» toutes saisies , et la plus grande partie tomba au
» pouvoir d'un petit nombre de propriétaires.

» Or , ce fut un grand mal que ces terres passassent
» en si peu de mains ; cependant ce mal aurait pu n'être
» que passager : les successions et les aliénations auraient
» pu partager ces terres et les morceler de nouveau ;
» mais la loi de primogéniture et l'introduction des
» substitutions empêchèrent , l'une , qu'elles ne fussent
» partagées par succession , l'autre , qu'elles ne fussent
» morcelées par aliénation (1) ».

Vers la fin des temps féodaux , les peuples industrieux
de la Flandre et de la Hollande , comme certaines républiques italiennes , étouffant de bonne heure les préjugés
patriciens , proclamèrent l'égalité des partages. Or ,
personne n'ignore le degré de prospérité de ces deux
pays (2).

Dans les provinces allemandes de la monarchie autri-
chienne , on a tellement jugé nécessaire l'appropriation
du sol en faveur du cultivateur , que des lois pré-

(1) *La richesse des nations*, t. II , p. 213 et suiv.
(2) Consulter le *Mémoire* de M. H. Passy *sur l'influence des formes et des dimensions de culture.* (*Revue de lég.*, t. 21 , p. 94 et 98.)

voyantes ont déclaré irrévocable l'ancien contrat entre le seigneur et le paysan. Elles ont changé la plupart des corvées en redevances d'argent qui sont devenues perpétuelles, et ont défendu aux seigneurs d'acheter aucune terre de roture ; s'ils en achètent, ils doivent les rendre aux mêmes conditions à d'autres familles ouvrières. Ainsi un gouvernement despotique et stationnaire a cru indispensable la division de propriété (1) !

« Le Wurtemberg a un grand nombre de colons libres,
» héréditaires, et de petits propriétaires. Ce fut l'Au-
» triche, qui, lors de la dépossession du duc Ulrich,
» favorisa les libertés des paysans, dans le but de s'at-
» tacher les populations..... Or, ni les grands fermiers
» de la Westphalie, ni ceux d'une partie de la Saxe
» ne tirent aussi bon parti du sol, et dès 1780, leur
» condition était si prospère que le baron de Rieubec
» la trouvait préférable à celle même des riches fermiers
» de l'Angleterre » (2).

Le bien-être général des états nord de l'Union Américaine tient, abstraction faite de l'étendue des terres, de leur fertilité, à leur extrême division. Dans tout le nord et le nord-ouest, la grande propriété n'existe pas au moins comme classe.

L'Angleterre seule fait exception à cette règle générale, et on doit avouer que, malgré un régime de succession

(1) Voir un article de M. Michel Chevalier. (*Revue des deux mondes,* 1842.)

(2) H. Passy, *Mémoire sur l'influence des formes et des dimensions de culture.* (*Revue de lég.,* t. 21, p. 86.)

aristocratique , la production agricole s'y trouve extrèmement florissante. Mais on aurait tort d'attribuer cette
situation de l'Angleterre à la concentration extrème de
la propriété. Plusieurs causes spéciales ont fait pro-
gresser l'agriculture britannique en dehors des lois ordinaires (1). D'abord les grands propriétaires Anglais ont
considéré l'agriculture comme une industrie et y ont employé une partie de ces capitaux immenses qu'agglomère
dans le pays, la domination extraordinaire de cette nation
où une société commerciale commande à 135 millions
d'habitants. Ajoutez à cela des lois protectrices fortement combinées, tandis que chez nous les gouvernements
oublient volontiers les campagnes ; il y a douze ans à
peine qu'on a commencé à tracer chez elles des voies de
communication. Mais peut-être ce qui a fait surtout
cette prospérité et ces grandes fortunes anglaises , ce
sont un siècle et demi de stabilité dans les affaires publiques , la non existence d'une cour , l'habitation des
nobles au milieu de leurs terres. En effet , quoique la
monayed property ne soit pas soumise à la même loi de
succession que la *landed property* , la même concentration se remarque dans les richesses mobilières. Au surplus , n'envions pas cette inique prospérité de l'Angleterre , elle pourra lui coûter des larmes de sang lorsque
bientôt , chaque ville , comme Manchester , aura *sa petite
Irlande !*

Mais la meilleure manière d'apprécier nettement la

(1) Voir Tissot, *Loc. cit.*, p. 14.

constitution territoriale d'un pays, c'est d'en étudier l'influence sur la population. On sait que la participation à la propriété foncière commande aux hommes la prudance et leur inspire une contrainte morale favorable à la prospérité des états. La classe qui surcharge la population d'un pays est celle qui ne peut présager le sort de ses enfants. Or, sur ces bases, à notre avis, incontestables, nous devons singulièrement nous féliciter de nos lois successorales. De 1790 à 1840, la population de la France s'est augmentée seulement de 36 habitants sur 100 ; cependant, durant la même période, la population de l'Angleterre a pris un accroissement de 115 pour 100. La Suisse, pays de petits propriétaires, a vu sa population augmenter de 22 pour 100 et la Toscane de 31 pour cent (1).

L'amélioration et la plus grande abondance de la nourriture sont un bénéfice important dont nos lois de successions ont doté les masses en distribuant la propriété par des subdivisions multiples. La statistique a établi que depuis deux tiers de siècle la vie moyenne aurait gagné en France au-delà de huit années (2) ; c'est le tribut qu'ont payé à l'existence humaine les progrès de l'aisance et de l'instruction dans les classes pauvres de la société.

Ainsi, on reconnait dans l'esprit qui a dirigé la rédaction de nos lois successorales, le désir de morceler la

---

(1) G. Dupuynode, *Loc. cit.*, p. 33 et 34.
(2) Dufau, *Traité de statistique*, p. 225.

propriété ; ainsi, ce morcellement opéré par des institutions efficaces en général, est le plus grand bienfait de nos lois. Si la division s'arrête, si quelques symptômes semblent annoncer que çà et là une grande propriété se reconstitue lentement, il ne faut pas en déverser tout le blâme sur la loi des successions. Pourquoi arrête-t-on sa marche ? Pourquoi d'autres lois mal entendues viennent-elles en contrarier l'esprit ? Déjà l'occasion s'est présentée d'en signaler quelques-unes qui tiennent immédiatement au système successoral ; malheureusement, on peut en citer d'autres.

Il faudrait d'abord réformer les institutions de crédit inférieures chez nous à celles de presque tous les peuples de l'Europe, et réviser enfin notre régime hypothécaire, par suite duquel l'agriculture, grevée de onze milliards d'hypothèques, trouve bien moins de capitaux que le commerce. Dans l'état actuel, en acquérant des droits sur un immeuble, on n'est, dans aucun cas, bien assuré de contracter avec le véritable propriétaire ; bien plus la petite propriété se trouverait frappée d'interdit si on n'achetait qu'après avoir pris les coûteuses précautions indiquées par la loi. Puisque nous nous occupons de nos institutions successorales, pourquoi, par exemple, ne pas rétablir et étendre à toutes les modifications de la propriété immobilière la disposition de la loi de brumaire an VII, sur la publicité des aliénations ; ainsi, entre autres actes ayant pour objet de créer, de déterminer ou de déclarer des droits réels sur des immeubles, les donations, testaments, institutions contractuelles, acceptations de successions, devraient être rendus publics (1). Toujours pour éviter l'incertitude de la propriété, il serait bon de restreindre le délai de six mois accordé (art. 878) aux héritiers et aux légataires du défunt pour s'inscrire sur les immeubles de l'héritage, lorsqu'ils réclament la séparation des patrimoines.

Mais d'autres lois que notre régime hypothécaire réclament des améliorations pour se trouver en concordance avec nos institutions successorales. Oui, nous en avons la conviction, le mouvement qui par la loi de successions tend à rendre chacun propriétaire, ne perdrait pas de sa force si l'on révisait les lois incohérentes et surannées qui régissent les matières rurales, si l'impôt foncier était moins considérable. Le seul riche aujourd'hui en France, c'est tout le monde ; pourquoi ne pas encourager l'association, pourquoi ne pas créer des fermes modèles véritables, en dehors de l'esprit de parti, pour répandre davantage l'instruction et les bonnes pratiques agricoles? Nous voudrions voir l'irrigation réglée par une loi sérieuse, les vaines pâtures supprimées. On pourrait changer les tarifs des douanes, par exemple notre loi douanière sur l'introduction des bestiaux étrangers. Dans l'état présent, il arrive que les animaux destinés au labour se payant trop cher, le petit cultivateur qui ne peut avancer de grosses sommes cultive peu, ré-

---

(1) M. G. Dupuynode développe cette thèse avec talent. (*Loc. cit.*, p. 154 à 160.)

colte de même, ou emprunte et se ruine. Voilà un contre-sens dans un pays de morcellement.

Abaissons les taxes proportionnelles sur les baux à ferme, abaissons les droits d'échange et de mutation ; que nos lois sur les ventes forcées ne puissent plus être appelées « un chef-d'œuvre au profit de l'embonpoint des dossiers et de l'encaissement du fisc » ; que la petite culture enfin ne se voie plus écrasée sous les impôts ; que nos assemblées sachent, sans considération de parti ni de personnes, décréter des économies dès lors qu'elles seront justes ; que notre génération apprenne, pour le moment où elle dirigera les affaires du pays, à mettre l'art des chiffres avant la rhétorique. Et alors la petite propriété échappera au péril qui la menace peut-être ; alors sera accomplie la belle prévision de nos législateurs ; alors le plus mince héritage restera chez le pauvre d'une manière durable et, par une suite admirable, ce bien qu'il ne sera plus obligé de vendre fera après sa mort l'héritage de ses enfants.

Dussions-nous nous écarter de notre sujet, nous ne pouvons nous empêcher d'ajouter à ce que nous venons de dire sur la division de la propriété quelques considérations toutes morales.

En réduisant au nécessaire les grandes existences, en versant la richesse produite dans la majeure partie de la nation, en popularisant le bien-être, les nouvelles lois françaises de successions ont porté les masses au travail. Or, voilà entre tous un fait moralisateur.

Avec la division de la propriété, le pauvre devient

économe, laborieux et prévoyant. Oui, il travaille davantage, car c'est à lui que profite son labeur. En même temps, sa vie devient plus régulière et plus calme.

L'homme que vous employez et qui n'a point l'habitude de travailler pour lui, fait sa tâche comme un esclave tourne la meule. Et si malheureusement vous ne l'employez pas, si les machines épargnent des bras dans votre contrée, elle se dépeuple et vos laboureurs vont chercher dans les ateliers des villes un pain chèrement acheté et des vices inconnus.

N'est-ce pas là, en effet, ce que produit l'agglomération d'hommes ignorants et dont le sort se trouve exposé à mille chances successives de gains et de revers?

Indépendamment de l'effet si avantageux du travail, la situation de propriétaire, en elle-même, améliore l'homme et le porte aux choses vertueuses. Le luxe du petit nombre, la misère du plus grand, sont la conséquence d'une trop inégale répartition des richesses. Les grandes fortunes corrompent ceux qui les possèdent et ceux qui les envient; de là, chez le riche, la corruption, la dureté, l'orgueil; chez le pauvre, l'ignorance, la bassesse, l'hypocrisie et la haine du riche; heureux encore, s'il ne joint pas à ces vices, le vol, l'ivrognerie et la débauche, tristes passions qui laissent à sa descendance un malheur de plus.

Un régime de succession qui favorise le développement général d'une aisance médiocre, nous semble le plus favorable à l'amélioration morale des individus.

Aristote plaçait chacune de nos vertus entré deux. vices opposés. Cette manière d'envisager nos qualités morales a justement prédominé chez le plus grand nombre des philosophes et des poëtes de l'antiquité. *In medio virtus* était leur adage qu'ils ont exprimé sous toutes les formes. Entendez Horace; suivant lui, le mal ne se trouve que dans les écarts de l'état moyen, de la douce médiocrité; il s'indigne contre ceux qui cherchent autre chose :

> « Est modus in rebus : sunt certi denique fines
> Quos ultrà citràque nequit consistere rectum. »

Il faut l'avouer : pas de perfectionnement intellectuel possible, de grandeur morale durable pour celui qui n'est pas sûr du lendemain. Au contraire, l'homme acquiert une haute idée de sa dignité et pour la première fois se livre aux douces et salutaires joies du père de famille, quand marchant sur son bien, cultivant sa terre, il ne livre plus sa force physique au maître qui le paie, mais élevant son intelligence, dirige, exécute et prend rang, à ses propres yeux, dans la hiérarchie sociale. Alors on le voit tourmenté par la prévoyance et par ces idées d'avenir qui versent sur nous tant de soucis et d'efforts, qui nous agitent si fortement lorsque nous avons quelque conscience de notre valeur, mais qui à la fois répandent dans la famille et dans la société la moralité avec le travail ; on le voit senger au sort futur de ses enfants, et suivre de lui-même, sous une influence ignoble lorsqu'elle vient d'ailleurs, les principes malthusiens d'ailleurs absolument impraticables par un autre moyen.

Ne croyez pas que si la propriété n'était point aussi divisée, les couvents et l'aumône entretiendraient un bien-être suffisant dans la nation. Dans notre pensée, les couvents utiles autrefois comme propriétaires ne rempliraient plus aujourd'hui leur action civilisatrice. Quant à l'aumône, quelqu'abondante qu'on la suppose, elle ne formerait jamais qu'un bien faible palliatif. Les premiers chrétiens, aiguillonnés par les persécutions, étaient bien plus fervents que nous, et cependant il fallait stimuler la libéralité de ces croyants enthousiastes. Saint Paul dut faire appel aux sentiments d'émulation et à la crainte de la honte pour activer la générosité des fidèles de Corinthe (1). Les inconvénients économiques de l'aumône légale, pour ainsi dire, consistent en ce qu'elle encourage en même temps et la paresse et l'accroissement de population. Sous le rapport moral même, l'aumône, cet acte de sa nature si admirable, peut relativement devenir répréhensible. En morale pas plus qu'en économie politique, il ne faut abuser des choses les meilleures. Jésus-Christ nous a enseigné la charité pour les maux que ne peuvent soulager les législations humaines, pour le malade, l'infirme, l'orphelin, la veuve ou celui qu'ont frappé des revers exceptionnels; Lazare à la porte du mauvais riche demande parce que « couvert d'ulcères » il ne saurait suffire à ses besoins; le Sauveur multiplie

(1) 1re ép. aux Corinth., ch. xvi.—2e ép.; ch. viii et ix.

les pains sur la montagne en faveur d'une multitude attachée à sa parole et que l'esprit de Dieu a détournée un instant de ses travaux; le Samaritain ramasse près de la route et place sur son cheval un homme blessé et presque sans vie. Voilà les vraies occasions de la charité. Le Christ qui guérit les lépreux, fait « voir l'aveugle, entendre le sourd », le Christ, nulle part, ne donne une pièce de monnaie ou quelques grains de froment à des hommes jeunes et valides ; l'Homme-Dieu « né dans une étable, pauvre entre tous, ne vit point d'aumônes, mais il reste avec Marie et Joseph et apprend l'état de charpentier ». L'Éternel dit un jour à l'homme : Tu gagneras ton pain à la sueur de ton front! Vous manqueriez au précepte, vous qui n'emploieriez pas tous les moyens justes et permis pour tirer le pauvre d'une oisiveté dégradante. L'homme qui manque à l'obligation du labeur s'efforce bientôt, pour s'étourdir, d'oublier sa dignité et ses autres devoirs ; il ne tarde pas à devenir ignorant de toute idée morale et, habitué à mendier, il prend bientôt l'habitude de tous les bas sentiments.

A la vérité, on a dit que la petite propriété détruit la paix entre les hommes, par les procès avec de nombreux voisins, les actions en bornage, etc. C'est comme si on prétendait que pour éviter les actions en revendication, les possessoires et toutes les procédures protectrices de la propriété, il faut décréter le communisme sous la surveillance de l'État.

Une seule observation de statistique. — En France, sur 1849 accusés que les campagnes fournissent en moyenne, ceux qui travaillent pour eux-mêmes entrent dans le nombre précité pour 404 ; le nombre de ceux qui travaillent pour autrui y entre pour 1,415. M. de la Farelle qui donne ces chiffres avec pièces justificatives (1), établit d'autres rapprochements détaillés qui parlent dans le même sens que ce fait général , d'ailleurs tellement significatif.

Bien plus, n'est-ce pas une heureuse tendance en politique que celle qui répartit les fonds de terre dans un grand nombre de familles , et subdivise la richesse mobilière en égale proportion ? Ainsi s'opère une fusion entre la propriété et le travail. Ainsi l'homme de labeur acquiert une position à l'abri de l'incertitude et des revers et rien ne saurait le rendre plus calme. Oui, par une bonne loi successorale, tous peu à peu deviennent actionnaires dans cette grande association de la fortune publique. Des intérêts résistants , des points d'appui se forment au sein de cette société contre les passions anarchiques. Le pauvre devenu propriétaire acquiert le respect de la propriété. Ces cohortes de possesseurs qui s'élancent du sein du peuple dans les cadres de la contribution foncière, ont à perdre dans les bouleversements sociaux ; elles sont les plus utiles soutiens de l'ordre et, attaquée par l'étranger , la patrie trouve dans leur sein d'invincibles défenseurs.

La trop grande inégalité des fortunes devient souvent la source de l'inégalité politique et de la destruction de

(1) *Loc. cit.*, p. 366 et suiv.

la liberté. Le talent est regardé moins comme un capital dont on doit compte à la patrie que comme un moyen d'acquérir de la fortune.

L'aristocratie Lacédémonienne florissait lorsque l'Ephore Epitadée fit une loi qui permettait de laisser son héritage à qui on voudrait (1). Alors les citoyens en dépouillant leurs héritiers légitimes restreignirent de plus en plus le nombre des propriétaires. Le philosophe de Stagyre voit en ceci la cause des malheurs des Spartiates au-dedans et au-dehors, la cause de l'oligarchie (2). Les historiens et les poëtes latins constatent qu'à Rome, lorsque la propriété s'étant concentrée la population urbaine se trouva par le fait exclue de toute possession, les propriétaires des campagnes seuls montrèrent du respect pour l'ordre public (3). « La faim, s'écriait Virgile, est mauvaise conseillère ! *malesuada fames !* » Il remarquait qu'au milieu de la mêlée des patriciens et de la plèbe, le laboureur qui avait pu conserver la propriété d'un petit champ n'était tourmenté ni par l'ambition des charges, des dignités, ni par l'envie fille honteuse de l'extrême misère et de l'extrême opulence :

> *Illum non populi fasces non purpura regum*
> *Flexit...*
> *.... neque ille*
> *Aut doluit miserans inopem, aut invidit habenti* (4).

(1) Plutarque, *Vie d'Agis et de Cléomène*, ch. VI.

(2) *Politique*, liv. II, ch. 2.

(3) Caton, *De re rusticâ*, *præfat.* — Varron, *De re rusticâ*, liv. II, *ad princip.* — Cicéron, *ad Attic.*, liv. I, ép. 19. — Salluste, *De ordinand. repub.*, I, 5. — Pline, *Hist. nat.*, lib. XVIII, c. 3.

(4) *Géorgiques*, liv. II.

Au temps de Lucain , l'ombre seule de Marius sorti un instant du tombeau , faisait frémir cet ami de la paix publique :

Agricolæ fracto Marium fugere sepulchro (1).

Bientôt le laboureur propriétaire ayant tout à fait cessé d'exister dans le monde romain , et la culture étant dévolue aux esclaves, les mercenaires seuls se chargèrent de défendre le pays. L'empire s'écroula.

Au contraire, n'a-t-on pas vu la France , cette nation soudainement composée de petits propriétaires, terrasser pendant vingt ans l'Europe coalisée contre elle, au dedans enchaîner les passions les plus dissolvantes ?

(1) *Pharsale.* — M. Benech , *Loc. cit.*, p. 253.

CHAPITRE V.

La raison et l'expérience ont jugé nos lois successorales. Sous leur action, la moralité et le travail deviennent la vraie gloire de l'homme ; la richesse et les posi-
tions se gagnent en général par l'activité et non plus
seulement par la naissance et les faveurs ; l'habileté
grandit promptement, l'oisiveté dépérit. Ces lois un peu
modifiées contribueraient, je le crois, à donner assez
prochainement au pays tout le bien-être matériel que
comporte l'état de notre civilisation ; en tout cas et même
avec leurs quelques défauts elles augmentent au dehors
notre influence politique. Déjà la Sardaigne, la Hollande, la Belgique et une partie de l'Allemagne, ont
adopté ces lois de successions. Elles deviendront cos-
mopolites; en effet, leur voix de temps à autre, emporte
avec soi un débris du système féodal. Un phénomène
si admirable nous prouve que les améliorations se produisent à l'aide d'institutions bien entendues et non

par des moyens factices, des voies routinières ou des utopies.

Pour atteindre ce but, ce n'est point assez de la connaissance des lois existantes de cette jurisprudence interprétative du droit actuel, il faut s'élever à la philosophie de la loi ; ce n'est point assez d'entendre la chrématistique, il faut voir par quels moyens spéciaux se produit et s'accroît la richesse. Avec cette connaissance acquise, on sait à propos rejeter l'impossible, admettre le raisonnable. Il y aurait une ridicule folie à changer la base de notre loi de successions dans un sens prétendu plus démocratique; il serait peut-être imprudent de n'y point faire certaines corrections. La bourgeoisie ne peut rien par le nombre, la force ne lui réussira point; si elle ne veut pas que les utopistes usurpent un moment le terrain social, qu'elle comprenne bien les devoirs de sa condition éclairée; que par un sage progrès elle conserve sa légitime influence sur les ouvriers des villes et des campagnes ; qu'elle soit toujours prête pour contenir et accueillir à la fois le flot toujours montant de la démocratie : alors chaque changement nécessaire s'opérerait sans secousse. En sera-t-il ainsi ?....

Pour nous, jeunes gens, sachons avec une pensée virile, avec un œil calme et serein, envisager l'avenir. Il faut considérer la réalité en face; puisons dans les troubles présents autre chose que de la tristesse; qu'ils nous instruisent au lieu de nous abattre; interrogeons-les sur leurs causes, au lieu de nous affaisser ou de nous irriter sous le poids de leurs effets; de cette manière, le souffle de tant d'orages sinistres nous aura au moins laissé une sévère mais fructueuse leçon.

FIN.

TABLE DES MATIÈRES.

CHAPITRE Iᵉʳ.

Méthode à suivre dans l'étude des problèmes sociaux. . . . pag. 1

CHAPITRE II.

Nature du droit de succession. 9

CHAPITRE III.

De nos lois successorales dans leur rapport avec l'équité. . . . 34

CHAPITRE IV.

Des effets économiques de nos lois successorales. 97

CHAPITRE V.

Conclusion. 160

Poitiers. — Typ. de HENRI OUDIN.

www.ingramcontent.com/pod-product-compliance
Lightning Source LLC
Chambersburg PA
CBHW050110210326

41519CB00015BA/3910